U0675180

图书在版编目（CIP）数据

低碳投资：挖掘10年内最有潜力的公司 / 郭信麟，涂宇著.
—太原：山西人民出版社，2012.1
ISBN 978-7-203-07440-3

Ⅰ．①低…　Ⅱ．①郭…　②涂…　Ⅲ．①节能—工业企业—投
资—研究—中国　Ⅳ．①F426.2

中国版本图书馆CIP数据核字（2011）第193257号

低碳投资：挖掘10年内最有潜力的公司

著　　者：郭信麟　涂　宇
责任编辑：徐晓宇

出 版 者：山西出版集团·山西人民出版社
地　　址：太原市建设南路21号
邮　　编：030012
发行营销：0351-4922220　4955996　4956039
　　　　　0351-4922127　（传真）　4956038（邮购）
E-mail：sxskcb@163.com　发行部
　　　　　sxskcb@126.com　总编室
网　　址：www.sxskcb.com
经 销 者：山西出版集团·山西人民出版社
承 印 者：三河市南阳印刷有限公司
开　　本：655mm×965mm　1/16
印　　张：16.5
字　　数：250千字
版　　次：2012年1月第1版
印　　次：2012年1月第1次印刷
书　　号：ISBN 978-7-203-07440-3
定　　价：35.00元

如有印装质量问题请与本社联系调换

Contents 目录

推荐序（一）

低碳经济所倡导的低碳发展模式是人类经济未来的必然选择，也是我们政府一直倡导的可持续发展的模式。随着新兴国家的人均能源消耗的逐年提高，人类社会对于能源及其他资源的需求亦逐年增加，一方面，传统的依靠以化石能源为主体的能源供应结构难以为继，其所带来的温室气体排放、环境问题严重困扰人类社会；另一方面，传统的粗放型能源消费方式造成巨大的资源浪费，以节能、环保为宗旨的绿色低碳能源消费模式正逐渐被社会舆论所推崇。发展低碳经济、推崇低碳消费已在全球掀起了一场"低碳"潮流，甚至有人说低碳产业的发展将是继第一、二次工业革命和第三次技术革命后人类历史上的第四次工业革命——低碳革命。

未来10年是低碳经济发展的关键时期，其间人类的日常生活将与低碳联系得更加紧密，与此同时低碳经济的规模亦将迅速扩大。低碳经济中蕴藏着巨大的投资机会。这本由郭信麟先生主写的新书《低碳投资》，在分析当前的低碳经济中蕴藏的投资机会基础上，对股市中涉及低碳经济的行业、上市公司的投资机会皆进行了详细的阐述。本书语言平实、通俗易懂，是一本难得的低碳投资类书籍，相信一定会对有志于"掘金"低碳经济的投资者有所帮助。

是为序。

雷士照明控股有限公司董事长兼总裁　吴长江

2011年8月27日

推荐序（二）

近期受中东局势紧张、世界经济逐渐回暖等因素影响，国际油价持续上涨，2011年春节前后已再度逼近100美元/桶大关。油价的上涨，必将使国际社会对能源的成本、安全等问题再度关注，亦将对本已火热的新能源发展问题更加重视。最为直接的是，传统化石能源的成本增加必将使新能源项目在价格上更具竞争力，进一步拓展新能源的投资机会。

大力发展以太阳能、风能及核能为代表的新能源意义重大，其不仅将减少人类社会对于传统化石能源的依赖，减少化石能源燃烧带来的环境问题，而且由于新能源一般均建立在各国的境内，可有效减少缺油国家对于境外石油的依赖，亦可解决困扰各国的能源安全问题。故未来世界新能源产业发展潜力巨大，投资机会不容错过。以太阳能为例，在技术进步及成本不断下降的驱动下，未来10年太阳能产业规模将不断扩大，保守预计其规模在未来几年中将成倍增长，其中蕴藏的投资机会不言自明。

郭信麟先生和涂宇先生合著的《低碳投资》一书，深入剖析了包括新能源产业在内的诸多低碳子行业中的股市投资机会，详细阐述了在投资中应该重点关注的子行业、上市公司及需要留意的投资要点和风险。通读此书，相信读者一定能对低碳产业有更加深入、全面的了解，在未来低碳投资中做到胸有成竹。

卡姆丹克太阳能系统集团有限公司董事长　张屹

2011年7月31日

前　言

2011年3月发生的日本大地震让世界为之震惊，而其后的日本核泄漏事故更是引发了全球恐慌，人们谈"核"色变。股市方面，日本核泄漏事故发生后，核电相关个股直线下挫，而其新能源，如太阳能、风能等行业的个股却受益于市场对这些新能源将取代核能发电份额的憧憬，股价连续走高，新能源股票再次展现出了其独特的魅力及投资机会。而投资者要想更好地投资新能源及其他低碳行业，必须在掌握足够的低碳知识的基础上，充分地了解各低碳行业的特点及投资重点，才能更加准确地把握其中的投资机会。

随着近年来人们对低碳产业、低碳投资的日益关注，笔者亦有不少朋友开始对低碳投资产生兴趣。这些朋友中有很多是初涉低碳投资的，在与他们交流的过程中，经常会被问到诸如"我要学习低碳投资，应该看哪些书""投资低碳是不是就是投资碳排放权""究竟哪个低碳股票值得投资"等问题。而笔者亦发现，目前市面上的低碳投资类书籍，要么侧重于碳排放权交易，要么是国外翻译的书籍，要么过于专注讲解低碳技术，尚无一本真正适合普通投资者、内容上侧重于低碳股市投资的书籍。这也是本书的由来。

本书前两章重点介绍了低碳的基本知识及以《京都议定书》为基础的全球各国低碳政策，从整体上分析了大力发展低碳产业的必然性、低碳投资将是未来10年最大的投资机会以及概括地介绍了中国"十二五"期间各低碳子行业的投资机会。相信这能使投资者更好地了解低碳的概念，更好地从整体上把握低碳产业的投资机会。

第三章新能源，详细论述了新能源各子行业太阳能、风能、核能、水能及其他新能源的技术特点、目前发展现状及股市中的投资机会。尤其是挑选了各行业中具有中国概念的、投资机会较大的于中国大陆、中国香港、美国上市的重点公司，对其低碳业务进行了较深入的剖析。按照投资机会及发展潜力的不同，该章节介绍的重点是太阳能、风能及核能。

第四章节能减排和第五章环保及水资源，详细介绍了包括新能源汽车、智能电网、绿色照明、传统能源清洁化及环保产业中的投资机会等内容。其中新能源汽车、智能电网是当前投资机会更大的行业，介绍也相对较多。

当然，提到低碳投资就不得不提碳排放权交易，但鉴于目前的碳排放权交易并不适合普通投资者参与，故本书仅在最后——第六章中进行了简单的介绍。当然，在第六章环球投资中，亦有新能源ETF和水资源ETF及基金的介绍。

由于低碳产业涉及面极广，加上相关上市公司——尤其是国内A股公司——业务均比较广泛且相关公司众多，本书难免有疏忽或遗漏，敬请读者谅解。本书成书过程中，李娟、黄俊斌、叶宇瑾和周宝强等均有较大贡献，亨通堂与陆新之先生鼎力支持，在此一并表示感谢。

第一章
未来10年的投资主流

第一节　认识低碳

　　进入 2011 年以来，首当其冲的情况是中东及北非局势紧张，推动国际油价再次冲上 100 美元/桶。高企的油价，再次引发世界各国对低碳经济最为重要的领域——新兴能源产业的重视。日本因地震而引发的核电站泄漏事故，更是引发了全球对新能源的反思。核电作为新型能源中重要的子行业，在未来世界能源体系中究竟应处于一个怎样的位置，其发展趋势将受到哪些影响？其他新能源如太阳能、风能等将会怎样在此次事件中受益？诸多疑问皆引发投资者思考。当然，要深入分析这些问题，并捕捉其中蕴含的投资机会，离不开对低碳投资的深入了解。接下来本书将引导投资者从了解低碳开始，逐步了解当前低碳投资的诸多方面。

　　近年来，低碳俨然成了一个流行的名词，各行各业纷纷冠上低碳的头衔，低碳生活、低碳经济、低碳旅游等充斥在我们的日常生活中。人们突然发现低碳距离我们如此之近，在全民低碳的热潮中，无疑蕴藏着巨大的投资机会。认识到投资机会的同时，有志于低碳的投资者不禁会有疑问：低碳投资究竟有什么方法？低碳经济包括哪些行业？哪些低碳行业中具有机会？哪些低碳行业目前还仅仅只是个噱头？等等。

　　要投资低碳行业，必须先了解低碳。低碳，英文为 Low Carbon，意指较低（更低）的温室气体（二氧化碳为主）排放，其概念首先由英国提出。而低碳经济，是指以低能耗、低污染、低排放为基础的经济模式，是人类社会继农业文明、工业文明之后的又一次重大进步。"低碳经济"的理想形态是充分发展"阳光经济"、"风能经济"、"氢能经济"、"核能经济"、"生物质能经济"。它的实质是提高能源利用效率，优化清洁能源结构，追求绿色 GDP，它的核心是能源技术创新、制度创新和人类生存发展观念的根本性转变。

　　要进行低碳投资，首先要了解低碳经济具体包括哪些行业（见表 1 -

1）。一般而言，从大的行业来说，低碳经济包括新能源行业、节能减排产业、环保行业、水资源行业等。其中新能源行业又包括太阳能、风能、核能等子行业；节能减排行业包括清洁交通、智能电网、清洁照明、传统能源清洁化、低碳消费等子行业；另外环保、水资源及水能、低碳建筑等子行业，亦是低碳经济的组成部分。

表 1 - 1　低碳经济类型

新能源	太阳能
	风能
	核能
	地热、海洋、生物质能等
节能减排	清洁交通
	电池
	智能电网
	绿色照明
	传统能源清洁化
	低碳消费、低碳建筑等
环保、水资源	环保
	水资源
碳金融	——

资料来源：智信中国低碳投资管理有限公司

针对众多的低碳行业，目前的投资方式主要包括直接投资、PE 投资、股市投资及碳交易等。在这些投资方式中，对于普通投资者来说，最为便捷的无疑是股市投资。投资股市中的低碳上市公司，不仅蕴含着低碳产业的迅速发展机会，而且其投资门槛低、交易方便，最适合既想分享低碳投资机会又不想投入太多精力的普通投资者。投资低碳股市，可以选择美国股市、中国香港股市、欧洲股市及国内 A 股等；而选择具有中国概念的低碳上市公司，既能把握低碳投资机会，又能分享中国经济的迅速增长，可谓事半功倍。

第二节　必须大力发展低碳

之所以说低碳投资是未来10年的投资主流，一方面是由于未来10年低碳产业蕴藏着巨大的投资机会，更为重要的一方面是，只有大力发展低碳产业，才能保证世界经济的可持续增长，才能保证环境不会因为人类经济活动而进一步恶化。三大原因使得人类必须全力发展低碳经济：世界能源需求总量越来越大，能源安全越发为各国所重视，人类对环保的忧虑。

世界能源需求总量越来越大

随着全球经济的发展，尤其是新兴国家经济的发展，能源作为现代经济的最基本元素，其需求将不断增加。根据美国能源情报署（EIA）的报

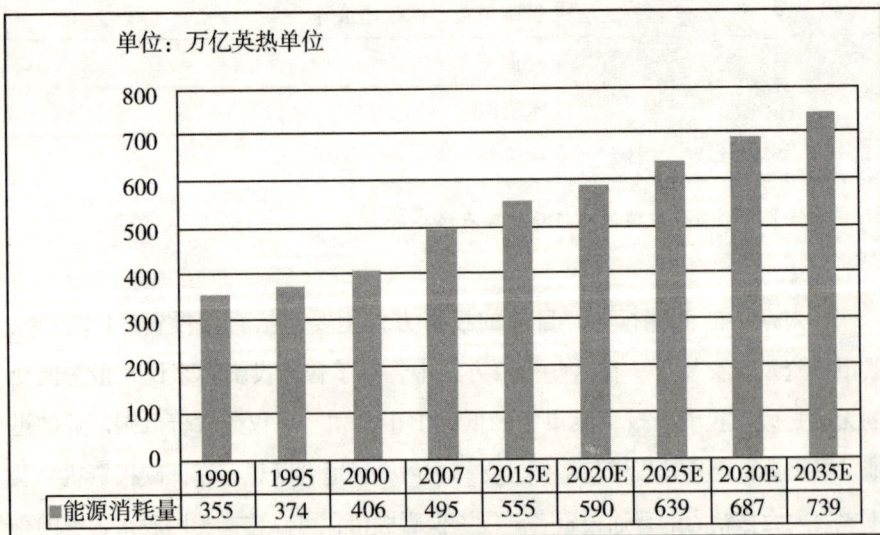

单位：万亿英热单位

	1990	1995	2000	2007	2015E	2020E	2025E	2030E	2035E
能源消耗量	355	374	406	495	555	590	639	687	739

图1-1　1990～2035年世界能源消费市场

资料来源：EIA，智信中国低碳投资管理有限公司

告《国际能源展望2010》，全球能源需求量从2000年的406万亿英热单位增长至2007年的495万亿英热单位，然后将进入一个高速增长时代，预计将在2035年达到739万亿英热单位（见图1-1）。同时美国能源情报署预测，最大的能源增长来自于非经济合作与发展组织的地区（见图1-2），如中国、印度等发展中国家将会比发达国家有更大的能源需求增加量。

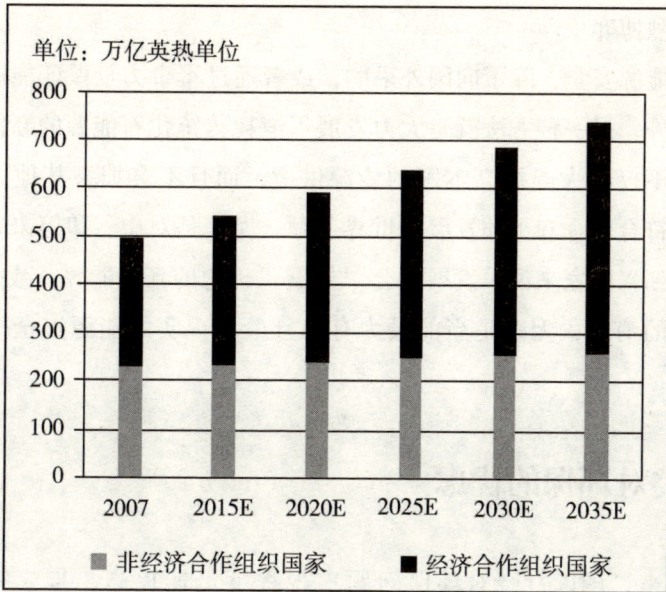

图1-2　2007~2035年经合组织与非经合组织国家能源消耗

资料来源：EIA，智信中国低碳投资管理有限公司

正是由于世界对能源的需求量越来越大，故虽然新增加的能源需求大部分仍由传统的化石能源提供，但因传统化石能源储量有限，并非取之不尽，因此人类必须开拓新的可再生能源，才能保证未来社会能源的供应。

能源安全越发为各国所重视

如前所述，进入2011年以来中东各国政治局势紧张，导致国际油价重

5

上100美元/桶。在油价上涨的同时，能源安全问题再次为世界所重视。而日本严重的核泄漏事故导致占其发电总量达三成的核电站无法正常运作，这些电力缺口将由哪些其他供电方式补充，更是引发了国际社会对能源安全问题的思考。中东地区之所以是第二次世界大战后战争冲突最为频繁的地区，与其地下蕴含的巨量石油资源有大的关系。某种意义上可以说，中东地区的冲突，其核心就是对石油资源的争夺，背后隐藏的是各国对能源安全的激烈博弈。

维护能源安全，除了向国外采购，或者通过军事力量保证能源供应管道顺畅以外，另一种方法就是大力发展不消耗传统化石能源的新能源。发展新能源不仅能大幅提高本国的能源供应，而且不会损害其他国家的利益，更加符合当今和平和发展的世界主题。尤其是对中、印等未来能源需求巨大的新兴国家来说，发展符合"低碳"理念的新兴能源，减少对传统化石能源的消耗，无疑是当前最为有效且最为现实的能源安全解决方案之一。

人类对环保的忧虑

近年来，国际社会对环保问题重视程度迅速提高，与二氧化碳排放相关的"温室效应"、"全球气候暖化"等问题成了世界关注的焦点。环保主义者认为，自工业革命以来，人们焚烧化石矿物生成的能量和砍伐森林并将其焚烧产生的二氧化碳等排放大量增加，而这些排放的温室气体能大量吸收地面辐射中的红外线，产生常说的"温室效应"，从而导致全球气候变暖。而最为令人震惊的数字是，人类近100年所排放的温室气体相当于100年以前所有的人为活动所产生的排放气体的总和。全球变暖的后果，会使全球降水量重新分配，冰川和冻土消融，海平面上升等，既危害自然生态系统的平衡，也威胁人类的食物供应和居住环境。人们对于由二氧化碳等温室气体排放所带来的相关环境问题忧心忡忡。

尽管目前科学界对于全球气候是否正在变暖仍存在争议，但是若全球气候变暖属实，那将给我们生存的环境带来极恶劣的影响，产生人类无法承受的灾难。因而我们认为，在科学界证实全球气候变暖的结论正确之前，人类必须开始控制温室气体排放，减少因气候变暖引发的全球性气候灾难风险。

目前可以确定的是，未来世界的二氧化碳排放量仍将持续增长。据美国能源署报告，到2035年，世界总的二氧化碳排放量将达420亿吨，其主要增加量来自非经合组织国家（见图1-3）。2007～2035年，非经合组织国家的二氧化碳排放量的年化增长率将达2%，远超经合组织国家的0.1%（见图1-4）。而中国的二氧化碳排放年化增长率将更高，达2.7%，大大高于世界平均水平。虽然美国能源署的数据并不一定完全符合实际情况，但是以中国为代表的新兴经济体未来碳排放量形势之严峻毋庸置疑，发展低碳经济、减少碳排放量已是势在必行。

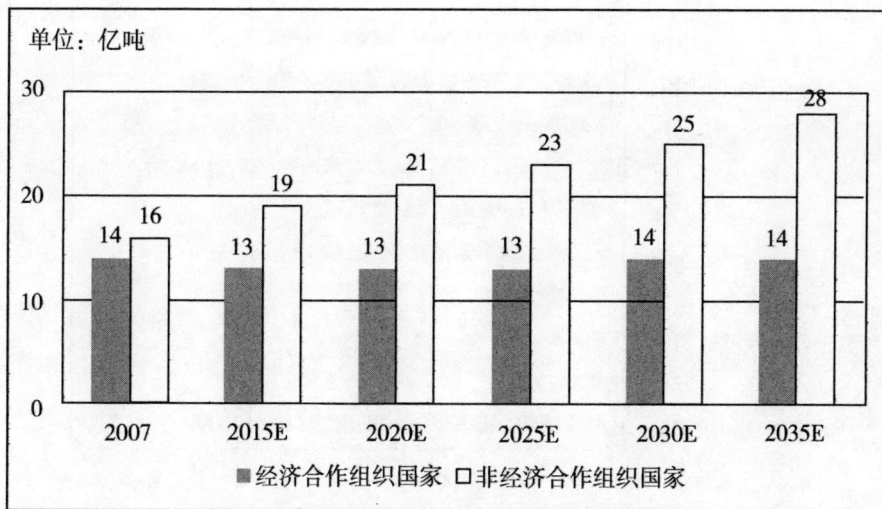

图1-3 2007～2035年世界相关能源碳排放量

资料来源：EIA，智信中国低碳投资管理有限公司

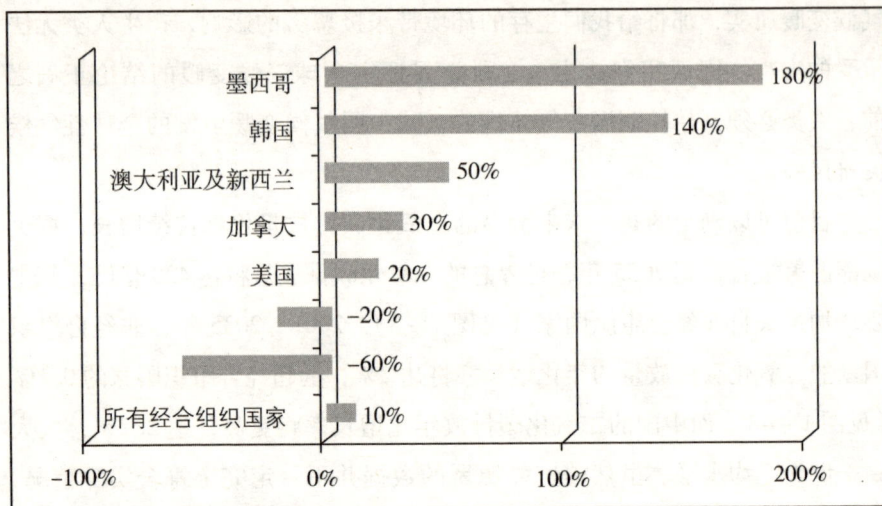

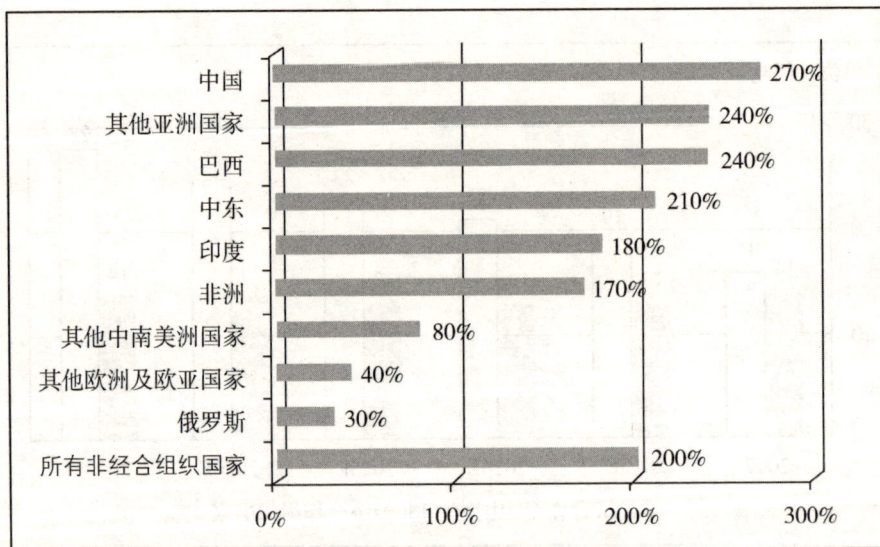

图1-4　2007～2035年经合/非经合组织国家相关能源碳排放量的年平均增长率

第三节 未来10年的投资主流

之所以选择"未来10年的投资主流"作为本节的标题，是由于低碳产业在未来10年中蕴含着巨大的投资机会，包括核能、太阳能、风能、电动车、智能电网等在内的低碳子行业均面临爆发性增长的机会，其市场规模将迅速扩大。有重点地投资这些低碳子行业，不仅能对全球低碳产业发展有所贡献，而且投资者亦可分享行业爆发性增长所带来的超额收益。

以新能源核能为例，预期到2020年，中国核电总装机容量将超过8万兆瓦，而2010年中国核电总装机容量仅1万兆瓦左右，未来10年完成装机容量将达到7万兆瓦以上，年复合增长率为23%。估计整个投资在10000亿元人民币，而设备市场容量接近5000亿元人民币，设备国产化率将可达至80%。由于核电设备生产进入门槛极高，故国有核电设备生产商发展前景广阔。

虽然近期日本地震引发的核泄漏，使世界各国对核电的安全性更加重视，进而纷纷检讨自身的核电发展计划，导致核能未来发展趋势堪忧，但由于核能毕竟是新能源中相对便宜且见效最快的能源，故笔者相信，在经过深刻的反思以后，未来国际社会将在更加安全的核电技术的基础上，稳步发展核能。

风能方面，预计到2020年，中国风电总装机容量将达20万兆瓦以上。而中国在经历近年风电的爆发性增长后，2010年总装机容量也仅4.18万兆瓦，未来10年的年复合增长率将达17%。对于中游的国内风电设备生产商来说，目前其市场份额已占国内市场的85%以上，随着国内风电设备生产商技术水准的提高及成本的不断下降，相信国内市场份额将继续扩大。加上国内风电设备在海外市场中极具竞争力，未来中国风力发电机组生产商发展潜力巨大。对于下游的中国风电运营商来说，中国风电总装机容量的迅速扩大，必将使其风电规模迅速增长。

太阳能方面，中国太阳能光伏生产企业在世界太阳能企业中已占据优势，世界太阳能电池组件前七位供货商中五家都是来自于中国的单一型太阳能公司。凭借着成本优势，中国太阳能企业有望进一步扩大在全球太阳能市场中的份额。从全球市场来看，预期 2011 年全球光伏新装机容量将继续保持高速增长，2011 年预期将达 2 万兆瓦左右，而光伏行业市场规模增长速度主要取决于太阳能组件成本下降速度及中、美等市场的增长速度。

长期来看，由于太阳能取之不尽、用之不竭，只要在全球 4% 的沙漠中安装太阳能光伏系统，所发的电力就可以满足目前全球的需要。未来太阳能必将成为人类最主要的能量来源，欧盟委员会联合研究中心（JRC）在 2003 年做出的《世界能源发展趋势报告》中预测，到 2030 年太阳能发电将达到世界发电总量的 10%，21 世纪末太阳能发电在世界发电总量中将占据一半以上。

第四节 "十二五"规划与低碳

中国是从 1953 年开始以五年一个时间段来制定国家的中短期规划的，第一个"五年计划"简称为"一五"，然后以此类推。"十二五"规划的全称是《中华人民共和国国民经济和社会发展第十二个五年规划纲要》。"十二五"规划的起止时间是：2011 年至 2015 年。2010 年 10 月，中共十七届五中全会通过了《中共中央关于制定国民经济和社会发展第十二个五年规划的建议》（以下简称《建议》）。

《建议》指出，实现经济发展方式的转变，主要途径是要发展现代产业体系，而现代产业体系的核心是战略性新兴产业。"十二五"期间将"积极有序发展新一代信息技术、节能环保、新能源、生物、高端装备制造、新材料、新能源汽车等产业，形成先导性和支柱性产业，使新兴产业的核心竞争力和经济效益得到提升。"低碳产业占据了七大新兴产业的半壁江山，其中节能环保、新能源、新能源汽车三个产业属于低碳产业的范畴，而高端装备制造业、新材料亦有相当部分涉及低碳产业。

2010 年 10 月 18 日颁布的《国务院关于加快培育和发展战略性新兴产业的决定》（以下简称《决定》）则给出了战略新兴产业的发展目标："战略性新兴产业的增加值占国内生产总值的比重到 2015 年（"十二五"期间）力争达到 8% 左右，到 2020 年力争达到 15% 左右；节能环保、新一代信息技术、生物、高端装备制造产业成为国民经济的支柱产业，新能源、新材料、新能源汽车产业成为国民经济的先导产业；形成一批具有创新力和影响力的中小企业，建成一批产业链完善、创新能力强、特色鲜明的战略性新兴产业集聚区。"

虽然目前中国的"十二五"规划尚未正式出台，但是从《建议》和《决定》中可以看出，中国加快新兴产业发展的帷幕已经拉开，"十二五"开局期间投资新兴产业中的低碳相关行业，可谓恰逢其时。

第五节　七大新兴产业涉及的
　　　　低碳领域

　　新能源产业位列七大新兴产业之中，根据中央《新兴能源产业发展规划》，到2015年，非化石能源占一次性能源的消费比重将达到11%左右，到2020年将达到15%。而截至2009年底，中国非化石能源在能源消费中的比重仅为8%左右。从2010至2020年，新能源领域累计直接增加投资额将达到5万亿元，每年增加产值1.5万亿元。从各子行业来看，我们认为"十二五"期间新能源行业的投资机会由大到小依次为太阳能、风能、核能和其他新能源。

　　其中太阳能投资机会最大。按照目前太阳能设备的降价速度，预期2013年前后部分国家太阳能将实现平价上网，太阳能产业也将随之逐步进入爆发性增长阶段。当然，太阳能行业在维持高速增长的同时，成本持续下降将导致业内竞争更加剧烈，我们重点推荐上下游整合能力强、技术优势较大、成本控制相对好的太阳能上市公司。

　　风电方面，中国风电市场在经历连续5年的高速增长后，风力发电机价格已迅速下降。处于中游的中国风机生产商已具备较强的市场竞争力，其未来业绩亮点主要取决于海上风电的发展及海外市场的开拓。下游风电运营商，由于目前国家风电扶持政策已相对较完善，其主要看风力资源储备及国家优惠政策的变化。

　　节能环保产业又可细分为节能和环保两个产业。节能产业中投资机会较大的主要包括智能电网、传统能源清洁化、绿色照明和清洁交通。环保产业主要包括废气、固体废弃物和废水处理。智能电网方面，"十二五"期间电网投资将超过1.7万亿元人民币，其中特高压电网投资3000亿元，占比17.6%；智能化电网投资1750亿元，占比10.3%。智能电网的主要投资机会集中在电网运营商，高压、特高压输配电设备制造商和智能电表及计量设备制造商等。传统能源清洁化，重点关注天然气、清洁煤的相关运营商。绿色照明主要关注节能灯的制造企业，由于国内节能照明领域未来竞争将极其激烈，可重点关注技术上领先的 LED 生产企业及品牌知名度、市场占有率较高的企业。节能环保方面，固体废弃物处理行业中的垃圾发电子行业未来发展潜力较大，而废水处理方面应主要关注上游先进的技术解决方案提供商。

新能源汽车属于节能减排中的清洁交通子行业，但在"十二五"规划中将新能源汽车单独列为七大新兴产业中的一个行业，表明了中国对发展新能源汽车产业的决心。目前国内新能源汽车项目大多仍处于研发阶段，众多车型均未大规模生产，而配套的基础充电设施及电池更换方案等标准尚未出台，同样制约中国新能源汽车发展。后续新能源汽车企业可重点关注在电动车方面技术实力相对较强的比亚迪等汽车制造商。新能源汽车与传统汽车相比，最大的技术难点在于电池技术，目前市面上较为典型的动力电池为铅酸、镍氢、锂离子电池。由于锂电池能量密度高，充电负荷好，同时寿命亦是最长，未来锂电池将是发展方向。电池方面建议重点关注技术实力强、产业链较完整的锂离子电池上市公司。

高端设备制造业中涉及的低碳产业主要有核电设备、高铁设备、智能电网等。高铁设备制造业机会尤大，根据最新资料，中国以"四纵四横"为骨架的高速铁路网络，已经完成规划 62 条线路，目前通车 13 条，在建 38 条，已获批复即将开工的 5 条，尚在规划中的 6 条。不考虑尚未审批立项的规划中项目，仅已通车、在建和已获批即将开工的路线里程总和就高达 2.3 万公里，这些路线都将在 2014 年底前完工，可见"十二五"期间高铁设备需求之庞大。加上国内城市轨道交通建设加速，对城市轨道设备需求同样面临爆发性增长，高铁设备生产商投资订单充足，业绩有望持续向好。而新材料中涉及的高性能电池材料、新型显示材料、核电材料等，亦具有低碳概念。

第二章

从京都议定书
说起

第一节　京都议定书的"前世今生"

　　《京都议定书》（*Kyoto Protocol*，又译《京都协议书》或《京都条约》，全称《联合国气候变化框架公约的京都议定书》）是《联合国气候变化框架公约》（*United Nations Framework Convention on Climate Change*，UNFCCC）的补充条款，是 1997 年 12 月在日本京都由联合国气候变化框架公约参加国三次会议制定的。其目标是"将大气中的温室气体含量稳定在一个适当的水平，进而防止剧烈的气候改变对人类造成伤害"。《京都议定书》是国际社会第一次在跨国范围内设定具有法律约束力的温室气体减排或限排额度，它和市场交易机制的结合，成为《京都议定书》的革命性创新，开启了用市场方式解决环境问题的新时代。2005 年 2 月 16 日，《京都议定书》正式生效。

　　《京都议定书》遵循《联合国气候变化框架公约》制定的"共同但有区别的责任"原则，把缔约方分为附件一国家（发达国家和转型国家）和非附件一国家（发展中国家，中国被列为此类国家），要求作为温室气体排放大户的附件一国家采取具体措施限制温室气体的排放，而非附件一国家不承担有法律约束力的温室气体限控义务。《京都议定书》规定从 2008 至 2012 年间，主要工业化国家（附件一国家）的温室气体排放量要在 1990 年的基础上平均减少 5.2%。非附件一国家也应承担相应的责任，虽然不要求做出量化承诺，但也应循序渐进，做出与各减排阶段相适应的努力。

　　《京都议定书》规定了三种补充性的市场机制：国际排放权交易（IET）、联合履行机制（JI）和清洁发展机制（CDM）。其中国际排放权交易主要是附件一国家之间的对"指定数量单位"（AAU）的交易；联合履行机制主要是附件一国家之间的"减排单位"（ERU）的交易；清洁发展机制的交易双方为附件一国家和非附件一国家，附件一国家可以通过向非附件一国家进行项目投资或直接购买等方式，获得"核证减排单位"（CER）。这三种机制将温室气体减排量成功变成可交易商品，为碳交易市场奠定了基础。而清洁发展机制更是一个可以向发展中国家进行节能减排技术和资金转移的管道，对发展中国家的减排产业发展意义非凡。

《京都议定书》需要占全球温室气体排放量55%以上的至少55个国家批准，才能成为具有法律约束力的国际公约，其目前已得到了160多个国家的批准。其中，中国于1998年5月签署并于2002年8月核准了该议定书。欧盟及其成员国于2002年5月31日正式批准了《京都议定书》。2004年11月5日，俄罗斯总统普京在《京都议定书》上签字，使其正式成为俄罗斯的法律文本。但令人遗憾的是，美国前总统小布什在2001年上任后，宣布美国不批准或遵守《京都议定书》。由于美国人均碳排放量极高，加上中国、印度等发展中国家不受排放约束限制，因而令《京都议定书》效果大打折扣。

另外，《京都议定书》还有阶段性限制。协议书仅规定了2008至2012年第一阶段的减排目标，2012年之后的目标目前尚未确定。"后京都时代"如何进一步降低温室气体排放、全球减排框架将走向何方等问题，目前仍未有定论。

第二节　"后京都时代"

由于《京都议定书》并不能对美国、中国和印度等国家的温室气体排放量有所约束，而《京都议定书》只规定至 2012 年，故本世纪以来，在联合国的支持下，世界各国官员开始讨论新的全球二氧化碳排放协议，即着手制定"后京都时代"的全球碳排放协议。

2007 年 12 月 15 日下午，经过持续十多天的马拉松式谈判，联合国气候变化大会终于通过名为"巴利岛路线图"的决议。"巴利岛路线图"作为"后京都议定书"的谈判规划，确定了在 2009 年前就应对气候变化问题新的安排举行谈判，达成一份新协议。新协议将在《京都议定书》第一阶段承诺 2012 年到期后生效。

按照"巴利岛路线图"的决议，2009 年末在丹麦哥本哈根召开的第十五次世界气候大会缔约方会议，将努力通过一份新的"后京都时代"的全球碳排放协议。但是由于各方分歧仍然严重，哥本哈根气候变化会议并未如预期达成具有约束力的新协议，大会仅通过了一份不具法律约束力的《哥本哈根协议》。

而 2010 年在墨西哥坎昆举行的第十六次世界气候大会缔约方会议，同样进展缓慢。不过坎昆会议最大的成果在于挽救了联合国气候谈判大会，各方得以继续在这个框架内讨价还价，而更多的关键问题被留到了 2011 年的南非德班气候大会来解决。坎昆会议决议对最关键的问题《京都议定书》第二承诺期措辞模糊：《京都议定书》特设工作组应"及时确保第一承诺期与第二承诺期之间不会出现空档"。这一说法虽然认可存在第二承诺期，但并未给出落实第二承诺期的时间表，更遑论约束性。

随着 2012 年《京都议定书》第一阶段到期，留给各方在到期前达成一份新的"后京都时代"的全球碳排放协议的时间已不多。目前来看，各方分歧仍然巨大，达成《京都议定书》第二承诺期相关协议尚存有众多困难需要克服。

第三节　国家政策

一般而言，低碳产业在发展初期，无论是新能源产业还是节能环保行业，在成本上均无竞争力，低碳产业的发展离不开政府的推动。而政府推动低碳产业发展，主要手段是通过政府政策；在政府政策中，确定减排计划是重要的一环。

尽管目前尚未达成一份新的"后京都时代"的全球碳排放协议，但是在哥本哈根召开会议期间，包括中国、欧盟、印度在内的诸多国家和组织已提前公布了各自的减排计划。

中国： 提出了到2020年实现单位GDP温室气体排放量比2005年降低40%~45%，到2010年努力实现森林覆盖率达到20%，2020年可再生能源在能源结构中的比例争取达到15%等一系列目标。

俄罗斯： 俄罗斯总统宣布，到2020年俄罗斯的温室气体排放量将比1990年下降25%。也就是说，在1990至2020年期间，俄罗斯将保证温室气体的总排放量减少逾300亿吨。

欧盟： 承诺于2050年在1990年的基础上减排95%。欧洲在气候变化问题上试图重新确立自己的国际领导地位，指出如果哥本哈根峰会能够达成气候变化协议，欧洲将在2050年前在1990年的基础上削减高达95%的温室气体排放，在2020年前减少30%。

印度： 宣布将在2020年前将其单位国内生产总值二氧化碳排放量在2005年的基础上削减20%~25%。

英国： 英联邦政府首脑会议发表《西班牙港气候变化共识：英联邦气候变化宣言》，强调在哥本哈根联合国气候变化会议上各方应该达成有法律约束力的协议，发达国家应该对困难国家给予帮助，尤其是资金援助。

当然，减排计划仅仅是确定了政策努力的方向，如何实现减排计划需要具体的政策推动。从目前各国的低碳产业政策来看，主要有以下几种：

（1）通过碳税或贸易限制的制度来限制温室气体排放。这些制度使二氧化碳排放更加昂贵，从而令使用传统化石能源的成本上升。

（2）环境管理。指政府制定政策，对二氧化碳排放进行直接监管和限制。

（3）直接对低碳产品价格补贴。如中国对新能源汽车的直接补贴。

（4）对可再生能源生产者进行扶持。如中国政府对风能发电上网电价进行规定，制定扶持性的上网电价。

（5）规定照明和设备的能源效率。各国政府落实各项法律，要求使用更高效的照明系统和电器，甚至于禁止使用低碳的电气设备，如白炽灯泡。

其他方法还有：通过政府采购拉动低碳产品的需求，对可再生能源进行补贴和减税、低息贷款和贷款担保，在建筑法规和许可证、教育和信息传播等方面进行照顾等政策。

投资低碳，了解各行业的各国政策尤为重要，只有了解政府对相关产业的发展目标及相应政策如何影响市场，投资者才能够更好地判断行业、企业的未来发展及走势，从而更好地投资低碳相关行业或上市公司。

第三章

新能源

第一节　太阳能

照射在地球的太阳光中蕴含着巨大的能源，加上太阳光几乎是取之不尽的，故开发太阳能潜力巨大。每日照射在地面上的太阳光中所蕴含的能量大概是人类所使用的化石燃料的 7000 多倍。

正是由于太阳光中蕴含着巨大的能量，因而如何经济高效地利用太阳能的技术近年来发展迅速，并迅速形成了以太阳能光热和太阳能光伏两类技术为主的太阳能产业。

太阳能光热技术：主要是指利用太阳能加热液体或空气，使太阳能转化为热能，从而提供供暖供热（例如太阳能热水器），或者在此基础上将热能转化为电能（CSP，Concentrated Solar Power，聚光光热发电）。

太阳能光伏技术：主要是指利用半导体材料直接把太阳光能转化为电流的技术。

本文按照上面的分类简要介绍了目前主要的太阳能技术原理及其优缺点，并列举了其中具有中国概念的太阳能上市公司。

太阳能光热技术

太阳能光热又可细分为两类，即太阳能热水、供暖和聚光光热太阳能发电。

太阳能热水、供暖

主要是指使用太阳能辐射的热水或热空气来提供热水及供暖、供热。以简单的太阳能热水器为例，通常其是由带有水管道或空气挡板的一系列厚面板组成，这些面板朝向太阳，使它们能最大量地吸收太阳光。太阳光对水或空气加热，而经过加热后的水或空气将被输送到使用它们的地方。一般来说，使用太阳能热水器的费用比传统电热水器低。

太阳能热水、供暖的优缺点如下。

优点：

（1）成本相对低廉，太阳光是免费的能源。

（2）没有温室气体排放。

（3）不产生任何废物及副产品。

（4）技术相对成熟。

缺点：

（1）不能直接产生电能，使用范围相对有限。

（2）只能在白天提供热能，而且当阳光不太充足时，需要有相关的备份系统。

聚光光热太阳能发电

聚光光热太阳能发电的基本原理是：系统先使用汇聚的太阳光将热量接收器中的介质（液体或气体）加热到非常高的温度，然后把这部分热量转换为机械能，再从机械能转化为电能。全球第一批聚光光热太阳能发电厂建于20年前的美国加州，现在仍运行良好，表明聚光光热太阳能发电技术已相对成熟且简单耐用。

目前聚光光热太阳能发电的技术路线可以分为四大类：

（1）抛物面槽式：技术相对成熟，目前应用最广泛。

（2）集热塔式：效率提升和成本下降潜力最大。

（3）线性菲涅尔式：适合以低造价构建小型系统。

（4）抛物面碟式：效率最高，便于模块化部署。

聚光光热太阳能发电的优缺点如下。

优点：

（1）成本下降较快，通过技术改良后相对于传统能源已具有一定的竞争力。

（2）技术相对成熟，且经过实际验证，简单耐用，可迅速推广应用。

（3）建设材料相对简单，但需要大量的钢材。

（4）没有温室气体排放。

缺点：

（1）需要较大面积的土地建设电厂。

（2）需建设在热能相对充沛的地区，如沙漠等，但一般这些地方供电网络相对较少，需要额外建设长途输电线路。另外，沙漠一般水源很少，而聚光光热太阳能发电的冷却系统却需要大量的水资源。

（3）在光照相对不足的时候及夜间不能提供电力，需要电力备份系统。

太阳能光伏技术

太阳能光伏技术主要是指太阳能电池技术。太阳能电池技术是目前太阳能发电的主流，其主要是利用太阳光创造半导体材料的正负电荷之间的电子流，通常会利用特殊装置将电池中的电力收集和运输到外部。

太阳能电池根据发展历程可分为三个阶段，分别是：第一代晶体硅太阳能电池、第二代薄膜太阳能电池和第三代高效太阳能电池，即聚光光伏（Concentration Photovoltaic，简称CPV）。尽管普遍预期聚光光伏太阳能在大型电站上会有优势，但目前来看其份额仍非常小，基本仍处于试验阶段。

晶体硅太阳能电池

硅太阳能电池分为单晶硅和多晶硅两种。

单晶硅太阳能电池转换效率最高，技术也最为成熟。在实验室里最高的转换效率为24.7%，规模生产时的效率介于17%～20%之间。

多晶硅太阳能电池转换率较单晶硅为低，不过也可以达到15%～17%，成本较单晶硅为低。

硅太阳能电池产业从最初的石英矿到最终安装在客户处的太阳能发电

系统，具有一个完整的产业链（见图 3 - 1）。此类型的太阳能上市公司，一般涉及这个产业链的一个或几个环节。

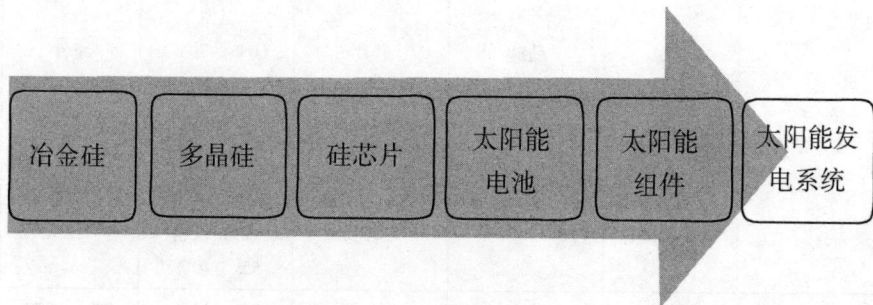

图 3 - 1　太阳能电池产业链

资料来源：智信中国低碳投资管理有限公司

太阳能电池产业的产业链主要环节包括：

冶金硅： 采矿公司将石英矿挖出地面后，对其进行提炼及消除杂质，生产出纯度达 98% 的冶金等级硅片。

多晶硅： 多晶硅公司以冶金硅为原料，进行进一步提纯，达到近乎 100% 纯度的多晶硅。

硅芯片： 多晶硅在坩埚内融化后可以铸成一个锭块，然后利用高精度的线锯将固体锭块切成非常薄的芯片，厚度只有 200 微米 ~280 微米。

太阳能电池： 太阳能电池生产商通常在硅芯片表面进行蚀刻，以建立电子传输过程，然后在芯片的前端采用薄层透明材料，以增加对太阳光的吸收，最后应用电接触生产出太阳能电池。

太阳能组件： 太阳能电池被放置在玻璃下的一个框架中，然后通过接线盒将彼此连接，构成太阳能组件。

太阳能发电系统： 将需要的组件某些位置连接在一起构成一组，并安装在建筑物上，再根据需求将直流电逆变成交流电，就构成了太阳能发电系统。具体的发电系统可以是整体的太阳能发电站、单独的家庭应用的太阳能发电装置及光伏建筑一体化应用等。

2010 年底，硅基电池各产业链成本构成、毛利率及厂家数量如下表 3 - 1：

表3-1 硅太阳能电池各产业链相关数据

产业链	多晶硅	硅芯片	太阳能电池	太阳能组件	太阳能发电系统
成本结构	资源 30%~40% 电力 40%~50% 设备 15%~20%	晶硅 30%~50% 电力 20%~60% 设备 10%~30%	硅片 60%~70% 其他材料 20% 人力/设备 10%~15%	电池 60%~70% 玻璃 5%~10% 其他材料 10%~20% 人力/设备 5%~10%	组件 50%~60% 逆变器 8%~10% BOS 40%~45%
毛利率	20%~40%	15%~25%	10%~20%	5%~10%	5%~15%
国内厂商数量	20多家	70多家	150多家	组件及系统合计200多家	

资料来源：智信中国低碳投资管理有限公司

薄膜太阳能技术

目前商业化的薄膜技术主要有三类：硅基薄膜、碲化镉及铜铟硒（CIS）/铜铟镓硒（CIGS）。于2009年，这三者分别占薄膜太阳能总产量的32.0%、63.0%及5.0%。

1. 硅基薄膜

硅基薄膜组件由硅与氢气的化学气相沉积而制成，在一定参数下，此项沉积可在玻璃层上产生非晶硅、纳米晶硅或晶体硅。其优点是生产成本低，硅材料含量丰富，成本回收期短，弱光情况下回应好。缺点是转化率低，即使实验室效率已经（也仅）达到15%。另外，稳定性也成问题，有所谓光致衰减效应。更为重要的是，使用历史较短，对产品的寿命始终有疑问。硅基薄膜包括非晶硅（a-Si）、微晶硅（μc-Si）、多晶硅（Poly-Si）和单晶硅薄膜。

2. 碲化镉

由镉与碲用作薄膜光伏电池的感光材料。由于镉为有毒物质，故采用此项技术有所顾虑。另一方面碲为稀缺资源。不过我们可以从碲化镉技术占薄膜太阳能总产量的比重看出，目前它是薄膜太阳能的主流技术，其转化率和稳定性在薄膜中表现较为突出。目前全球市值最大的太阳能公司——美国第一太阳能（FIRST SOLAR，市值在120亿美元左右）的产品全是该种技术，其他国家包括中国在内，也正努力研制此项技术。

3. 铜铟硒（CIS）/铜铟镓硒（CIGS）

铜铟镓硒薄膜电池开发时间相对较短，目前正处于商业化开始的阶段。铜铟镓硒薄膜电池在实验室的转换率近20%，显著高于硅基薄膜和碲化镉，因此被认为是非常有前途的薄膜技术发展路径。长远来看，其瓶颈在于铟和镓都是稀有材料。我们也可以从美国使用这种技术的上市太阳能公司的股价表现看出，目前该技术难以用于大规模的商业化生产，但是总体潜力不可忽视。

虽然晶体硅目前从产值看占据了巨大优势，但是也不能否认薄膜太阳能的增长速度比较快，特别当多晶硅原材料价格高企时表现得更加明显。而近期多晶硅从450美元/千克回落到100美元/千克以下，薄膜光伏电池的发展势头有所减弱。

聚光光伏

聚光光伏将传统的太阳能光伏技术与聚光技术结合了起来，能够极大地强化太阳能生产。聚光型光伏技术指将汇聚后的太阳光通过高转化效率的光伏电池直接转换为电能的技术。聚光光伏通过透镜或镜面能将接收到的太阳放大成百上千倍，然后将放大的能量聚焦于效率极高的小光电池上。通过放大太阳能，该技术有效地减少了光电池中半导体材料的用量。聚光光伏技术目前仍处于发展阶段，市场规模较小。

总的来说，太阳能光伏发电有以下优缺点。

优点：

（1）使用时没有温室气体排放。

（2）晶体硅的发电系统使用时间在25～30年之间，几乎不需要维护。

（3）可提供分散式电力，避免受到停电、电价上涨影响。

（4）甚至可以在阴天条件下及较寒冷地区发电。

缺点：

（1）只能在白天提供电力。

（2）尽管过去几年总体成本大幅下降，但成本仍然较高。

（3）前期投入大，达至规模发展需要政府的大力政策扶助。

（4）多晶硅的生产仍然被认为污染较重及整个产业链耗能过高，这点尤其在中国企业身上表现最为突出，这也是国内一直有声音反对发展太阳能的原因之一。

硅基电池与薄膜电池的优缺点比较见表3-2。

表3-2　硅基电池与薄膜电池的优缺点比较

项目	硅基电池	薄膜电池
光电转换效率	16%～18%	6%～12%
优点	已规模使用，可靠性数据完整，技术比较成熟	易曲折，携带方便，对太阳光的依赖性较低，散射光或阴天亦可发电
缺点	效率提升和成本降低的空间有限，耗能回收期长（24个月）	光电效率低，占地面积大，效率衰减多
环境影响	高耗能	环境污染
优势使用范围	屋顶、东部、南部电站	建筑一体化

资料来源：智信中国低碳投资管理有限公司

光伏建筑一体化

光伏建筑一体化即 BIPV（Building Integrated Photovoltaic）。光伏建筑一体化能将光伏系统安装在靠近使用者的地方，从而有效避免长距离传输带来的能量损耗。它具有气象保护、隔热、防晒、隔音、日光调节及安全的特点。光伏建筑一体化可用于新建或现有建筑的不同部分，如屋顶、外墙、半透明表面、天窗及遮阳系统等。大型建筑实现光伏一体化是将来的必然趋势。

太阳能市场

目前来看，太阳能光伏技术在与太阳能光热技术的竞争中占据了较大优势，太阳能光伏技术已成为太阳能发电的首选技术。进入 21 世纪以来，全球光伏市场装机容量迅速扩大。根据欧洲光伏产业协会（EPIA）统计，全球光伏累计装机容量由 2000 年的 1430 兆瓦大幅增加到 2010 年的 37900 兆瓦，当年的新增装机容量亦由 2000 年的 278 兆瓦飙升至 2010 年的超过 16000 兆瓦。而未来光伏市场预期仍将维持高增长趋势，EPIA 预测 2011 及 2012 年全球新增光伏装机容量将达 21720 兆瓦及 27350 兆瓦（见图 3 - 2）。

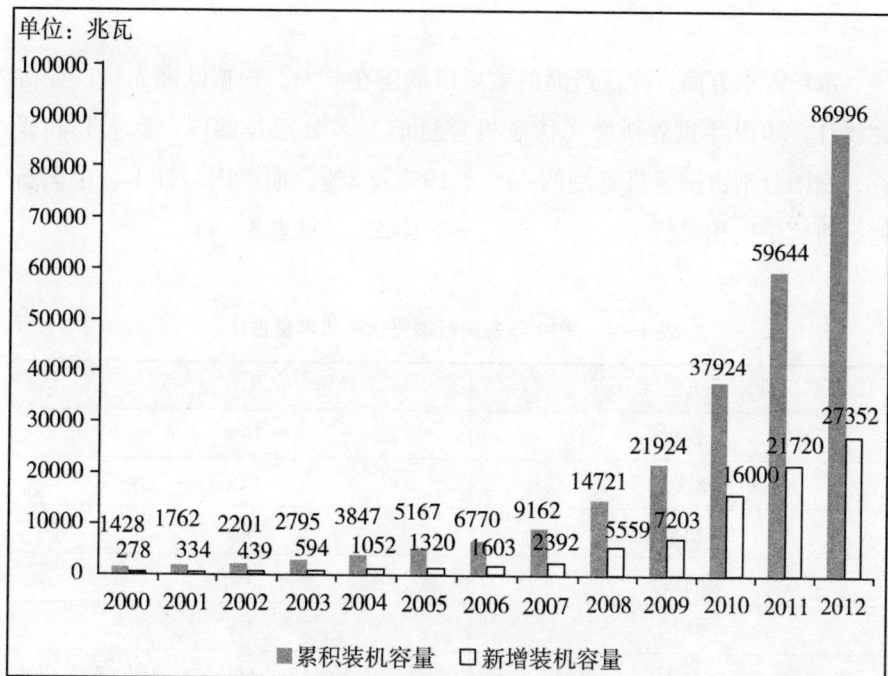

图 3-2　全球光伏市场装机容量增长预测

资料来源：EPIA，智信中国低碳投资管理有限公司

在 2010 年超过 16000 兆瓦的新增光伏装机容量中，包含单晶硅电池和多晶硅电池的硅太阳能电池仍是光伏市场主流，二者占据了超过 85% 的新增光伏装机容量，而薄膜太阳能电池中的 CdTe 和 a-Si 亦占有一定的市场份额。整体来看，硅太阳能电池在目前光伏市场中优势明显（见表 3-3）。

表 3-3　各太阳能技术市场份额

类别	占比
单晶硅	38.30%
多晶硅	47.85%
CdTe 薄膜	9.60%
a-Si 薄膜	3.00%
其他	1.30%

资料来源：EPIA，智信中国低碳投资管理有限公司

市场需求方面，光伏产品的主要市场还在欧洲。根据欧洲光伏产业协会统计，2010 年世界新增光伏装机容量前三名分别是德国、意大利和捷克，三国分别占据装机容量的 44%、19% 及 8%。而美国、日本、中国新增装机容量则相对较小，仅占 5%、6% 及 2%（见表 3-4）。

表 3-4　2010 年各国新增光伏装机容量占比

类别	占比
德国	44%
意大利	19%
捷克	8%
西班牙	3%
法国	3%
日本	6%
美国	5%

类别	占比
中国	2%
其他国家	10%

资料来源：EPIA，智信中国低碳投资管理有限公司

鉴于目前光伏市场仍需依靠政府补贴，因而投资太阳能必须分析及了解各主要市场的相关政策及各国的后续发展潜力。

欧洲

欧洲是全球目前最大的市场，可以说太阳能发电之所以能蓬勃发展，首先需感谢欧洲各国政府的相关补贴政策。2009 年欧洲需求占到全球需求的 78%。2010 年欧洲需求所占比例有所回落，但是仍维持在 70% 以上。而德国过去几年的相关需求达到全球总量的 50% 以上，即使 2011 年的新增太阳能发电需求与 2010 年持平，仍然占据新增太阳能发电需求的 38%。因此欧洲或德国对太阳能政策的任何改变都会给太阳能市场带来震动。

2010 年，法国和捷克政府都在太阳能的补贴措施上出现较大幅度的倒退，不过所幸的是其需求量占总需求份额有限，因此冲击力有限。

欧洲主要国家包括德国、西班牙和意大利在 2011 年估计太阳能上网电价都会持续下调，因此未来太阳能发电产品下调是必然的。不过投资者不要以为这个就是太阳能行业的末日到来，根据德国光伏协会的资料，自 2006 年以来，太阳能系统成本从 5 欧元/瓦下降到 2010 年的 2.8 欧元/瓦，每年下降幅度约为 13%，而这些年太阳能发电相关行业却是高速增长。究其原因，一方面是不断下调的成本有利于太阳能发电在全球的推广，另一方面是随着成本压力加大，欧美厂商将生产基地加快转移到亚洲，这对亚洲厂商的快速增长也非常有利。

在德国方面，我们认为其政府财政稳健，如果上网电价下调幅度离 13% 不太远，其太阳能的相关政策可视为中性；反而西班牙和意大利的财

政状况令人担忧，不过笔者认为欧洲方面中性偏紧的政策因素定能被美国和新兴市场所抵消。况且目前全球最大的太阳能市场德国，在2009年太阳能发电占其总发电量也只有1.11%，这说明太阳能发电的潜力在欧洲仍然是巨大的，预计2011年德国的新装太阳能发电容量估计与2010年持平。

中国

总体而言政策力度不断加强。继2009年7月《关于实施金太阳示范工程的通知》之后，2010年12月，财政部、科技部、住房和城乡建设部、国家能源局等四部门联合部署推进国内光伏发电规模化应用，确立了若干条政策，既包括财政补助，也包括产业规划；既包括明确的应用规模，也包括电网层面的服务与协调；此外，还提出了建立"财政—科技联动新机制"及采取集中招标形式等措施。

不过与中国占全球60%的光伏太阳能组件产能相比，中国政府在鼓励太阳能应用方面还有非常大的空间可以提升，中国的国有政策性银行对光伏企业提供了全世界无以伦比的资金支持，因此我们可以说中国鼓励太阳能政策在全球来说是比较"另类"的，当然这点也为将来可能发生的新能源贸易战埋下伏笔。

美国

一方面，2010年7月，美国政府刚刚通过了太阳能的"千万屋顶计划"，预计在2012年到2021年内实施，总安装容量将达3万兆瓦~5万兆瓦；另一方面，联邦政府2009年开始实施的对太阳能风电的30%的现金补贴原计划将于2010年12月31日截止，而近期又通过的减税法案决定将其延长一年。

印度

当前每年太阳能发电量不足5兆瓦，但印度政府制定了到2022年太阳能发电量达到2万兆瓦的目标。

此外，日本和澳大利亚也是不可忽视的两个重要市场。从全球的大局来看，我们认为欧洲的债务危机导致的有关太阳能市场萎缩的担心只是短暂的，从中长期更加应该看的是中美和其他新兴市场的潜力。

除了需求方面以外，投资太阳能还必须关注以下因素：

1. 国际油价

我们认为，国际油价的高低从两个方面影响新能源的发展：

一方面，油价上升说明全球经济动力强，新能源领域可以吸引更多的资金流入，而政府的财政也在此时更加宽裕，对于采取更多优惠政策鼓励新能源发展将会有更大的空间，这点在太阳能身上表现最为敏感，因其成本相对较高。

另一方面，油价上升说明新能源的替代效应加强，其经济性劣势缩小。到 2010 年第三季度，全球原油产量已经达到每天 7365 万桶，已经处于原油产量历史中较高的水平。另一方面，短期内原油供给不会大幅提升，美国原油库存下降将持续推高油价。从目前美国经济复苏比较令人满意及通胀恶化的因素看来，国际油价在 2011 年重返每桶 100 美元以上价格的几率很大。

2. 多晶硅原材料价格

多晶硅的原材料价格一直是太阳能发电成本的关键所在，目前每公斤 100 美元以下的价格属于正常的状态，而 2010 年全球太阳能的复苏强劲，导致多晶硅价格从每公斤 40 美元 ~50 美元大幅回升。2011 年多晶硅的供应稍微偏紧，但是随着中国自身产能的提升及对欧洲市场的担忧，未来多晶硅价格很难出现一种疯狂的上升。

3. 能源贸易保护主义

中国的光伏组件产量在 2011 年占全球的 60%，因此也同时面临了全球以美国为首的贸易保护主义者的特别"关注"，未来相关的争议料会不断。不过总体而言，由于欧美厂商的价格竞争能力太弱，我们认为尽管此类争议会影响到太阳能相关公司股价的短期表现，但只能算作茶杯里的风波。

4. 中国在全球光伏产业的地位

前面我们已经提及，尽管中国整个核心技术仍然落后于欧美发达国家，但是凭借成本优势和不断提升的技术能力，中国的太阳能企业的整体实力应该可以跟欧美鼎足而立。

从 2009 年到 2010 年的资料来看，中国的太阳能企业以产能计算占据了十大生产企业的半壁江山，其中比较著名的企业如无锡尚德、晶澳、天合光能、英利及江西赛维都是全球著名的太阳能企业。

目前来看，实力及规模较大的太阳能上市公司主要集中在美国及中国香港股市，而中国大陆上市太阳能公司目前业务规模及技术与这些公司相比均存在一定的差距。

在中国香港上市的太阳能企业中，保利协鑫（03800.HK）、卡姆丹克（00712.HK）和兴业太阳能（00750.HK）投资机会较高，其中保利协鑫是国内最大的多晶硅制造商，技术及成本优势明显值得关注。

在美国上市的中国概念太阳能企业可谓精英云集，无锡尚德、晶澳、天合光能、英利及江西赛维均于美国上市。目前来看，这些上市公司股价在经历金融危机以来的大幅回调后，已相对较低，投资机会较大。

国内太阳能上市公司，多数不是纯粹的太阳能企业，太阳能业务多数只是这些企业的一部分业务或将展开的业务。加上国内市场对于这些太阳能业务的预期及估值普遍偏高，因而相对在中国香港、美国上市的中国太阳能企业而言，国内 A 股太阳能上市公司的投资机会相对较小。

太阳能上市公司简介

中国香港上市的太阳能公司

保利协鑫能源控股有限公司（GCL – Poly Energy Holdings Limited）
主席：朱共山
上市代码：03800. HK
行业：多晶硅及太阳能芯片
公司网页：www. gcl – poly. com. hk

低碳业务亮点

保利协鑫能源控股有限公司（以下简称"保利协鑫"）是全球领先的多晶硅及硅片供应商，为光伏发电提供质优价廉的原材料。保利协鑫也是中国一流的环保能源供应商，通过热电联产、生物质发电、垃圾发电、风力发电及太阳能发电，提供高效环保的电力与热力。

保利协鑫是从事多晶硅与硅片的制造并销售于太阳能行业的营运公司，是中国最大多晶硅制造商，也正致力于成为全球领先的硅片供应商。作为太阳能行业链垂直整合战略的重要部分，保利协鑫正全力拓展全球太阳能光伏发电市场。保利协鑫的第一座太阳能光伏电站——徐州20兆瓦光伏电站，于2009年12月底成功并网发电。这是目前中国最大的、已投入运营的太阳能光伏电站。该电站是由中环工程总承包建设。

保利协鑫的多晶硅与硅片生产业务主要集中在其控股公司江苏中能硅业有限公司，2009年其光伏业务收入达27.99亿元人民币，占其业务收入的64.27%。光伏业务收入已成为保利协鑫的核心业务。而在太阳能产业链上，保利协鑫光伏业务主要集中在太阳能硅电池的上游，多晶硅生产及硅芯片部分，随着2010年多晶硅价格持续走高，预期其2010年光伏产业业绩将有不错表现。多晶硅产能2009年为1.8万吨，2010年底预期为2.1

万吨；太阳能硅芯片产能预期 2010 年底达 2000 兆瓦。2011 年保利协鑫更是公布了其巨大的计划：公司将于 2012 年将多晶硅产能扩大至 6.5 万吨，硅片产能达 10000 兆瓦。保利协鑫凭借自身强大规模及技术实力，使多晶硅生产成本持续下降，截至 2011 年下半年，其多晶硅生产成本已接近 20 美元/公斤，全球领先。

保利协鑫是中国领先的热电联产运营商。过去十余年，伴随中国经济的快速增长，保利的热电联产业务也迅猛发展。目前其附属与联营热电厂已达到 18 家，装机总容量达到 1044 兆瓦，抽气总量达到每小时 2239 吨。保利协鑫的热电联产使用的燃料十分多样化，其有 2 家以天然气为燃料的燃气热电厂，有 14 家以原煤为主要燃料的燃煤热电厂以及以煤泥、煤矸石或污泥为主要燃料的资源综合利用热电厂，还有 2 家以农作物秸秆为主要燃料的生物质热电厂。除了热电联产外，保利协鑫也涉足垃圾焚烧发电与风力发电，有一家垃圾发电厂以及一家风电场。

投资要点

优势：

（1）业务涉及太阳能及热点联产两个低碳行业，可分散单一子行业的系统风险。

（2）作为目前国内最大的多晶硅制造商，规模优势明显。

（3）多晶硅生产成本全球领先。

（4）中国投资有限责任公司入股，扩大了其在市场及行业中的影响力。

（5）热电联产亦处于国内领先地位，未来颇具发展潜力。

风险：

（1）国内近年来多晶硅行业新建产能巨大，未来多晶硅行业竞争压力较大。

（2）业务涉及两个低碳行业，业务并非完全集中于太阳能行业。

（3）赢利能力受多晶硅价格影响极大，业绩波动较大。

卡姆丹克太阳能系统集团有限公司（Comtec Solar）

主席：张屹

上市代码：00712. HK

行业：太阳能芯片

公司网页：www. comtecsolar. com

低碳业务亮点

上海卡姆丹克太阳能科技有限公司（以下简称"卡姆丹克太阳能"）是中国专业的太阳能晶锭和芯片制造商，专注于高质量太阳能芯片的设计、开发、制造及销售，是中国首批能够大规模生产 156 毫米×156 毫米的单晶太阳能芯片以及厚度约为 170 微米的单晶太阳能芯片的制造商之一。

2000 年，卡姆丹克太阳能成为半导体芯片的领先制造商之一，并于 2004 年开始生产太阳能芯片。随着市场对高质量太阳能产品的需求日益增长，卡姆丹克太阳能将重点转向了太阳能产业。卡姆丹克太阳能成功地将半导体芯片生产的先进技术以及积累的知识和制造经验转用至太阳能产品的生产中，从而能够为客户提供高质量的产品。

卡姆丹克太阳能充分发挥起源于半导体芯片制造商的优势，集中资源改进产品质量并开发新型及技术创新的太阳能芯片。凭借出众的研发能力与半导体芯片制造经验，卡姆丹克太阳能开发出独有的长晶及晶锭切割工艺并提高了能效。卡姆丹克太阳能相信，要在太阳能行业长期取得成功主要取决于产品质量和成本竞争力，归根结底在于采用卓越的制造工艺，因此卡姆丹克太阳能致力于为新技术开发和持续改进计划投入大量资源。

卡姆丹克专注于硅晶太阳能产业链的中游硅芯片环节，凭借着半导体芯片制造商的技术优势，其长晶及晶锭切割工艺技术水平不断提高。正是由于专注于硅芯片环节，卡姆丹克一方面得以集中精力减少多晶硅的使用，提升自动化操作，改善生产效率，从而达到缩减生产成本、提升公司效率的目的；另一方面卡姆丹克能够将资源集中在硅芯片环节，得以迅速扩张其硅芯片产能。

卡姆丹克业务为制造及销售太阳能产品和制造及销售半导体，其中制造及销售太阳能产品是其主营业务。2009年占其总收入的97.8%，是较纯粹的太阳能上市公司。硅芯片产能上，卡姆丹克2009年为200兆瓦/年，2010年底总产能扩至约600兆瓦，计划于2011年产能进一步扩充至1000兆瓦。

投资要点

优势：

（1）主营业务为生产及销售太阳能芯片，是纯粹的太阳能上市公司。

（2）专注于硅晶太阳能产业链的中游硅芯片环节，半导体技术背景，一方面生产成本及技术改进方面优势明显，另一方面产能较易迅速扩大。

（3）由于处于硅电池产业链中游，既可分享太阳能行业的爆发性增长，又可部分抵御多晶硅及下游太阳能产品价格变动风险。

风险：

（1）仅涉及太阳能产业链的中游环节，在面临行业困境时，利润易受上下游企业挤压。

（2）过于专注于硅太阳能芯片领域，或面临新技术（例如薄膜太阳能等）的威胁。

中国兴业太阳能技术控股有限公司（China Singyes Solar Tech. Hold. Ltd）

主席：刘红维

上市代码：00750. HK

行业：传统幕墙、光伏建筑一体化

公司网页：www. zhsye. com

低碳业务亮点

中国兴业太阳能技术控股有限公司（以下简称"兴业太阳能"）是一家在中国香港联交所上市的国家级高新技术企业，旗下有珠海兴业绿色建筑科

技有限公司、珠海兴业新能源科技有限公司、威海中玻光电有限公司。业务
范围涵盖工程设计、生产加工、工程安装、材料及系统研发、光伏建筑一体
化、太阳能电站、太阳能产品等领域；拥有国家一级施工、甲级设计资质。

兴业太阳能建立了自己的研发中心，公司先后引进了美国、德国、意
大利、澳大利亚等国家具有国际先进水平的专业生产设备，形成年生产各
类建筑幕墙及光伏建筑一体化等产品120万平方米的能力，从而使公司能
为广大使用者提供一流的产品。自创建以来，先后完成了以珠海机场、南
京禄口机场、福州长乐机场、南昌昌北机场、贵阳龙洞堡机场等为代表的
十几个新建、扩建的机场幕墙工程；于2002年开始承接国内铁路站房工
程，至今已承接扬州火车站、泰州火车站、北京北站、昆山火车站、郑州
火车站、汉口火车站、武昌火车站等50多个站房项目，备受铁道系统领导
好评，成为我国铁路建设事业中的一支精锐部队，今年成为首批铁道部准
入的铁路客站幕墙工程施工企业；在高层建筑幕墙方面该公司也屡有建
树，沈阳地标性建筑百合塔，广州维多利广场，广州达镖国际中心、珠江
新城 E1 - 1、远洋光华国际等。

兴业太阳能主要业务为可再生能源系统集成及传统幕墙承包。传统幕
墙承包为公司主营业务。2009 年传统幕墙收入 7.66 亿元，占公司总收入
之61%。而太阳能方面则集中在下游业务，如光伏建筑一体化及太阳能发
电站，2009 年这方面业务收入 3.1 亿元，只占总收入的 24%。

兴业太阳能的光伏建筑一体化业务是其一大亮点，近年来发展势头明
显。凭借与政府的良好合作关系，该公司于 2009 年成功承包了许多政府基
建的光伏建筑一体化项目，光伏建筑一体化项目总收入也从 2008 年的
14%增长到 2009 年的 24%。此外，2009 年上市融资的 2350 万元中，950
万元即 39%用于 BIPV 产品研究和设备收购。兴业太阳能计划以其传统幕
墙的优势和背景转型成以光伏建筑一体化为主增长力的全方位多元化
公司。

随着对太阳能光电建筑应用示范工程的的补贴于 2010 年 12 月 3 日出
台，该公司将极大受益于其光伏建筑一体化50%成本补贴，补贴水平约为
12 元/瓦。除此之外，该公司 2009 年光伏建筑一体化项目的毛利率保持在

相对强劲的37.2%，因此其成本优势随着其扩大海外业务和商业与住宅领域而更加明显。

投资要点

优势：

（1）光伏建筑一体化业务增长潜力巨大，毛利润率相对较高。

（2）可受益于国家最新补贴。

（3）光伏建筑一体化既可选择传统的硅太阳能电池，又可选择薄膜太阳能电池，技术风险小。

风险：

（1）目前公司收入中光伏建筑一体化所占比例偏低。

（2）处于下游环节，受政策影响较大。

美国上市的中国概念太阳能公司

英利绿色能源控股有限公司（YINGLI SOLAR）

主席：苗连生

上市代码：YGE. NYSE

公司主页：www.yinglisolar.com

行业：光伏太阳能组件、光伏电池

低碳业务亮点

英利绿色能源控股有限公司（以下简称"英利"）是一家全球领先的太阳能公司，也是全球最大的垂直一体化光伏发电产品制造商之一。公司总部位于中国保定，在全球设有十多个分支机构及办事处，员工总数超过6000人。英利致力于通过光伏发电技术为全球范围内的工厂、家庭和公共事业提供清洁的可再生能源。

英利主要从事电池组件的设计、制造和销售，以及并网、离网光伏应用系统的设计、销售和安装，如住宅和商用屋顶光伏系统、地面大型光伏电站等，产品远销德国、西班牙、意大利、希腊、法国、韩国和美国等国家和地区。凭借领先的垂直一体化运作模式和先进技术，同时还通过本地化经营和全球网络建设的策略组合，英利为客户提供性能卓越并且具有成本优势的光伏组件。

作为一家全球领先的太阳能公司和全球最大的垂直一体化光伏发电产品制造商之一，英利的生产线覆盖了整个光伏产业链，包括多晶硅生产、硅锭铸造、硅片切割、光伏电池生产以及光伏组件封装。其中，从硅锭铸造到光伏组件封装等生产环节的年产能均为 600 兆瓦。英利自建的硅料厂六九硅业，年产能为 3000 吨，已于 2009 年 12 月进入投产试车阶段。与全球范围内的同类企业相比，英利的明显优势在于其全部生产线均位于同一生产基地，实现硅片切割生产线与光伏电池生产线对接，进而简化包装程序、降低碎片率以及降低总体成本，充分发挥出垂直一体化模式的优势。

2010 年英利全年的光伏产品发货量为 1061.6 兆瓦，较 2009 年同比增长 102.1%，净营业收入总额达到 6.16 亿美元，实现净利润 8400 万美元，创下历史新高。英利预计 2011 年的总发货量在 1700 兆瓦 – 1750 兆瓦，增幅达到 60.1% ~ 64.8%。不过截至 2011 年 2 月中旬，英利的供货合同量就接近 1400 兆瓦，几乎占全年目标发货量的 81%，其中光伏组件依旧是英利产品出货量的主力。技术上英利也不断进取，在"熊猫"光伏电池技术的研究上取得了不错的成果，使用该技术的产品在商业生产线上已经实现了 18.5% 的平均光电转换率，试制线上的最高光电转换率还曾达到过 19.89%。

投资要点

优势：

（1）纯粹太阳能上市公司。

（2）业务涉及硅太阳能电池全产业链，具垂直一体化优势。

（3）公司 2010 年光伏产品发货量超 1000 兆瓦，规模优势明显。

风险：

（1）涉足硅太阳能电池全产业链，资金压力较大。

（2）太阳能电池厂商产能扩张迅速，或出现产能过剩情况。

无锡尚德电力控股有限公司（SUNTECH）
主席：施正荣
上市代码：STP. NYSE
行业：太阳能光伏电池、组件
公司主页：www. suntech‐power. com

低碳业务亮点

无锡尚德太阳能电力有限公司（以下简称"尚德电力"）是一家全球领先的专业从事晶体硅太阳能电池、组件，硅薄膜太阳能电池和光伏发电系统的研发、制造与销售的国际化高科技企业。尚德公司所有产品均通过TüV、IEC、CE和UL等国际权威认证，并被广泛应用于通信、广电、交通、海事、照明、军事等领域。在各种大型太阳能光伏并网和独立发电系统的工程设计、建设安装、工程维护等方面，尚德电力积累了成熟的技术和丰富的经验。凭借卓越的产品性能和品质，尚德产品被中国商务部选定为政府对外援助项目指定产品。

尚德电力于2005年在纽约证券交易所成功上市。目前全球分支机构遍及13个国家，其中包括三个地区中心，即中国无锡、瑞士沙夫豪森和美国旧金山。尚德电力拥有一流的千兆瓦级生产设施和国际化的研发设计团队，根据市场不断变化的需求状况，生产出太阳能光伏系列产品和能源系统，以满足全球不断增长的能源需求。

尚德电力主营业务包括晶体硅太阳能电池、组件，光伏系统工程，光伏应用产品的研究、制造、销售和售后服务。实践证明，晶体硅太阳能电池是目前世界上最成熟、信赖度最高的光伏技术。晶硅组件的高效性、稳定性和耐用性远远优于其他太阳能技术。尚德电力作为该行业的领头军，提供稳定可靠、转换率高的晶硅太阳能组件，包括多晶硅组件和单晶硅组件，适应客户不同的系统设计和应用需求。

在电池制造方面，尚德生产出的太阳能电池表面采用微绒面化学工艺处理，大大提高其吸收太阳光的能力，而且具有高转换效率。在组件制造方面，尚德的太阳能组件采用能抵抗各种恶劣气候条件的高质量原材料和构件，对所有组件进行功率分档和电流分档，从而降低电阻和过热，提高系统整体性能和组件的寿命。出产的电池和组件产品在包装前都要经过严格的质量监测工序测试，保障所有送达客户的产品都具有最高品质。

2010 年尚德的出货量达 1572 兆瓦，增长 124.5%；总营业收入为 29.019 亿美元，增长 71.4%。全年太阳能电池和组件产能高达 1800 兆瓦，硅锭硅片产能 500 兆瓦。公司计划 2011 年光伏产能较 2010 年提高 40%，达到 2200 兆瓦；总营业收入提高 20%，达到 3.4 亿~3.6 亿美元

投资要点

优势：

（1）纯粹的太阳能电池生产商。

（2）2010 年世界最大的太阳能电池生产商，规模优势明显。

风险：

（1）太阳能电池厂商产能扩张迅速，或出现产能过剩情况。

（2）各国太阳能政策变动影响太阳能电池需求。

江西赛维 LDK 太阳能高科技有限公司（LDK）

主席：彭小峰

上市代码：LDK. NYSE

行业：太阳能硅片、多晶硅、太阳能组件

公司主页：www.ldksolar.com

低碳业务亮点

江西赛维 LDK 太阳能高科技有限公司（以下简称"赛维 LDK 太阳能"）于 2005 年成立，公司采用垂直一体化生产模式，是目前亚洲规模最大的太

阳能多晶硅片生产企业和领先的高纯度多晶硅和太阳能组件制造商。公司总部和生产工厂坐落于江西省新余市经济开发区，在亚洲、欧洲和北美均设有销售、营销和客户服务办事处。公司专注于太阳能多晶硅铸锭及多晶硅片研发、生产、销售为一体的高新技术光伏企业，拥有国际最先进的生产技术和设备。

赛维 LDK 太阳能制造并向太阳能电池和组件制造商销售多晶硅片和单晶硅片。太阳能硅片是生产太阳能电池的主要原材料，能够将太阳能转化为电能。公司还销售包括硅锭在内的太阳能材料以及用于生产多晶硅和太阳能硅片的其他化学制品，并提供太阳能硅片加工服务。

赛维 LDK 太阳能主营业务覆盖了太阳能行业的整个光伏价值链，包括多晶硅、单多晶硅锭、硅片、电池和组件。公司凭借其强健的垂直一体化经营模式，成为太阳能行业的龙头企业。

赛维 LDK 太阳能拥有全球最大的多晶硅生产厂——马洪生产厂和下村生产厂，其中马洪厂年产能达 1.5 万吨，下村厂年产能达 3000 吨。赛维 LDK 太阳能还可生产大型单晶硅锭和多晶硅锭，自主生产出了世界上最大的多晶硅锭，重量达 800 千克。这项创新使赛维 LDK 太阳能提高了硅锭产量和生产设施的利用率，并通过规模经济降低了成本。

赛维 LDK 太阳能被 Solarbuzz 评为全球产能最高的太阳能硅片制造商。公司旗下拥有大型硅片生产工厂，2010 年生产能力约达到 3000 兆瓦。公司另有三家组件生产厂，分别位于中国江西省南昌市、江苏省苏州市和安徽省合肥市。赛维 LDK 太阳能建立了电池生产线来自行生产电池，并在努力研发新的高效单晶和多晶电池技术。公司通过自行制造电池降低组件成本、提高品质并确保电池稳定供应。2011 年 3 月 30 日，赛维 LDK 太阳能（合肥）有限公司第一片电池宣布正式下线，该项目从签约、开工建设到投产，只经历了短短 8 个月时间。

2010 年第四季度，公司总收入达 9.21 亿美元，同比增长 202.3%。其中硅片出货量为 627.9 兆瓦，组件出货量为 157.2 兆瓦，多晶硅产能达 1925 吨。2011 年 3 月，公司完成对 Solar Power, Inc.（SPI）70% 股份的收购，金额达 3300 万美元。2011 年 4 月，公司太阳能电池产能扩张到 570

兆瓦。公司计划 2011 年实现总收入 35 亿~37 亿美元，净利润达到 22%~28%。产品方面，计划晶圆出货量为 2700 兆瓦~2900 兆瓦，光伏模板出货量为 80 万兆瓦~90 万兆瓦，多晶硅产能为 1 万~1.1 万吨，电池产量为 500 兆瓦~600 兆瓦。

投资要点

优势：

（1）纯粹太阳能上市公司。

（2）2010 年多晶硅产能国内排名第二，仅次于保利协鑫。

（3）积极向硅电池产业链下游扩张，提升赢利能力。

风险：

（1）多晶硅生产成本相对偏高。

（2）各国太阳能政策变动影响太阳能电池需求。

（3）硅太阳能电池产能迅速扩张导致竞争激烈。

天合光能有限公司（Trina solar）

主席：高纪凡

上市代码：TSL. NYSE

行业：硅锭、硅片、电池和组件

公司主页：www.trinasolar.com/cn

低碳业务亮点

天合光能有限公司（以下简称"天合光能"）是一家专业从事晶体硅太阳能组件生产的制造商。公司自 1997 年成立以来，一直是中国光伏行业的领军企业。高品质的光伏组件给世界各地的并网和离网状态下的民用、商用、工用以及大规模的公共设施带来洁净、可靠的太阳能。凭借遍布亚洲、欧洲、北美的当地营销网络、安装商合作伙伴以及公司在江苏常州占地十多万平方米的硅锭、硅片、电池和太阳能组件的研究、开发和制造基地，天合光能的产品在全球光伏产品市场上占领了相当大的份额。

天合光能是中国实行垂直一体化业务模式的少数几家光伏产品制造商之一，业务覆盖了整个光伏产业链，从硅锭、硅片、电池和组件全部自行生产。其中太阳能组件由封装在耐候框架中的互联太阳能电池阵列构成。产品包括功率输出为175瓦到245瓦的标准太阳能单晶组件以及功率输出为165瓦到240瓦的多晶组件，可广泛用于住宅、商业、工业和其他太阳能发电系统之中。天合的太阳能组件密封完善、耐风雨，能承受高强度的紫外射线和湿度。

2010年天合光能太阳能组件出货量达106万千瓦，同比增长164.8%；总营业收入为18.6亿美元，同比增长119.8%；净利润达3.12亿美元，同比增长223.7%。公司计划2011年底出货量达1750兆瓦~1800兆瓦，将光伏电池和组件产能由2010年的1200兆瓦提高至1900兆瓦，资本开支将达到3.8亿美元，主要用于扩产和研发。

投资要点

优势：

(1) 纯粹太阳能上市公司。

(2) 2010年太阳能电池产量居世界第九位，规模优势明显。

(3) 公司积极向产业链上下游扩展。

风险：

(1) 太阳能电池厂商产能扩张迅速，或出现产能过剩情况。

(2) 各国太阳能政策变动影响太阳能电池需求。

国内 A 股上市的太阳能公司

中国南玻集团股份有限公司（CHINA SOUTHERN GLASS HOLDING CO.，LTD.）

法人代表：曾南

上市代码：000012. SZ

行业：玻璃及玻璃制品、硅材料、光伏组件、太阳能电池

公司主页：www. csgholding. com

低碳业务亮点

中国南玻集团股份有限公司（以下简称"南玻集团"）成立于 1984 年，为中外合资企业。1992 年 2 月，公司 A、B 股同时在深交所上市，成为中国最早的上市公司之一。经过 20 余年的发展，集团目前资产规模已超过 100 亿元，是中国玻璃行业和太阳能行业最具竞争力和影响力的大型企业集团。

公司主营业务为进行平板玻璃、工程玻璃等节能建筑材料、硅材料、光伏组件等可再生能源产品及精细玻璃、结构陶瓷等新型材料和高科技产品的生产、制造和销售，为各子公司提供经营决策、管理咨询、市场信息、技术支持与岗位培训等方面的相关协调和服务。

南玻集团业务涵盖了平板玻璃产业、工程玻璃产业、精细玻璃和陶瓷产业、太阳能光伏产业四大板块。低碳业务主要体现在节能玻璃和太阳能光伏行业，而其中的太阳能光伏占据公司低碳业务的大幅比例。

2010 年公司总收入 76.98 亿元，而太阳能板块即实现营业收入 22.64 亿元，净利润达 5.1 亿元，同比增长了 240%；工程玻璃业务由于市场竞争趋于激烈，利润增长仅 10%。此外，公司硅片切割一期 60 兆瓦项目于 2010 年上半年投产，太阳能玻璃减反膜产品已进入市场销售阶段，太阳能光伏电池和太阳能压延玻璃发展势头良好。

南玻集团的太阳能光伏已经做到了产业链完善，形成多晶硅—硅片—

太阳能电池—太阳能电池组件的产业链布局，通过不断优化生产流程和工艺，使多晶硅项目从产品品质到能耗、物耗指标等均达到国内先进水平。公司的太阳能业务主要分布在三家子公司：宜昌南玻硅材料有限公司，控股93.97%，主要生产销售高纯度多晶硅材料、硅片等产品，目前一期工程年产2000吨，2010年实现营业收入7.97亿元，净利润1.96亿元。东莞南玻光伏科技有限公司和东莞太阳能玻璃有限公司均为公司100%控股的子公司。前者主要生产、销售太阳能电池及组件，年产能为100兆瓦，2010年实现营业收入8.81亿元，净利润0.58亿元；而后者主要生产销售太阳能玻璃产品，年产能12万吨，2010年实现营业收入7.6亿元，净利润2.67亿元。

未来公司的资金投向仍然在包括TCO玻璃、硅片、太阳能电池及组件在内的新能源产业链和节能玻璃项目，届时公司多晶硅太阳能产业链将从目前不到300兆瓦扩充到1000兆瓦综合配套产能，TCO玻璃从46万平方米扩充到400万平方米，节能LOW－E玻璃将从1200万平方米镀膜能力扩充至2400万平方米以上，还有700兆瓦晶体硅片电池片项目和500兆瓦光伏组件项目。这些项目投产基本都在2012~2013年，表明公司已成功从传统玻璃公司转型为发展潜力巨大的新能源和新材料公司。

投资要点

优势：

（1）上游多晶硅生产商，多晶硅生产成本有望持续下降。

（2）玻璃业务增长稳定，节能玻璃产能迅速扩张。

（3）太阳能业务规模在国内上市公司中相对较大。

风险：

（1）并非纯太阳能上市公司。

（2）公司多晶硅产能与保利协鑫等领先企业相比仍存在较大差距。

深圳市拓日新能源科技股份有限公司（Shenzhen Topraysolar Co.，Ltd.）
法人代表：陈五奎
上市代码：002218.SZ
行业：非晶硅、单晶硅、多晶硅太阳能电池芯片、组件
公司主页：www.topraysolar.cn

低碳业务亮点

深圳市拓日新能源科技股份有限公司（以下简称"拓日新能"）是首家A股上市的纯太阳能企业。拓日新能主营业务为研发、生产及销售太阳电池芯片、组件、太阳能应用产品、太阳能集热板及热水器系统、风力发电设备、太阳电池生产线设备，设计、安装及销售太阳能热水器工程、风力发电工程、太阳能电站工程。

拓日新能业务范围包括研发、生产及销售太阳电池芯片、太阳电池组件、太阳能供电电源、太阳能即热板及热水器系统、风力发电设备、太阳电池生产线设备、太阳能控制器、太阳能逆变器、太阳能应用产品控制软件；设计、安装及销售太阳能热水器工程、风力发电工程、太阳能电站工程；主要产品有非晶硅、单晶硅和多晶硅太阳电池芯片，非晶硅、单晶硅和多晶硅太阳电池组件，各种太阳能应用产品以及平板型太阳能热水器，产品范围涵盖太阳能光伏应用和光热应用两大领域。

拓日新能是目前国内唯一可同时生产非晶硅、单晶硅和多晶硅太阳电池的专业厂商，是集研发、生产、销售和安装于一体的高科技企业，攻克了非晶硅太阳能电池制造关键设备制造技术、非晶硅太阳电池制造技术、整体式非晶硅光伏电池幕墙制造技术等，自主探索了国内最完整的非晶硅太阳电池生产工艺路线，并取得多项专利及科技成果认定和奖项。

与国内其他太阳能电池企业相比，公司在产业链方面具有明显优势。目前公司形成晶体硅棒拉制、切片，电池芯片制造，电池组件生产的较为完整的产业链结构。在非晶硅太阳能电池方面，已经完成了从导电玻璃钢化、非晶硅镀膜及组件制造的过程。

投资要点

优势：

（1）纯太阳能上市公司。

（2）产业链垂直一体化程度高。

（3）光伏玻璃和平板式热水器有望成为新增长点。

风险：

（1）太阳能业务规模偏小。

（2）太阳能业务涉及过于广泛，制约公司规模迅速扩张。

（3）薄膜非晶硅转化率低，与世界主流薄膜太阳能厂商差距较大。

乐山电力股份有限公司（Leshan Electric Power Co.，Ltd.）

法人代表：廖政权

上市代码：600644.SH

行业：供、发电；单晶硅、多晶硅生产与销售；太阳能电池组件及系统；天然气采购与供应

公司主页：www.lsep.com.cn

低碳业务亮点

乐山电力股份有限公司（以下简称"乐山电力"）是于1988年3月8日成立的中国第一家电力股份制企业。1993年4月26日，公司股票在上交所挂牌交易。截至2010年期末，公司总股本32648.0131万股，总资产36.224亿元。

乐山电力拥有相对完整的电力系统，公司网上电站（厂）、用户分布在乐山市和眉山市的8个区、市、县。公司自身拥有水电站13座，火电厂1座，并网电站共计89座，装机181台，装机容量达321.2兆瓦。公司电网于1990年投入运行，于2007年3月30日并入国家电网。

乐山电力与天威保变公司共同投资组建并控股51%的乐电天威硅业科技有限责任公司3000吨/年多晶硅项目于2008年3月28日开工建设，于

2010 年 4 月正式投入生产经营。由于多晶硅业务的增加，公司营业收入结构发生重大变化。公司还对乐山市燃气有限责任公司、乐山市自来水有限责任公司、乐山大岷水电有限公司等 6 家公司控股，经营范围涵盖了水资源、火电、水电、燃气等方面。

乐山电力主营业务范围包括发电供电业务、多晶硅生产与销售以及天然气采购供应业务三大板块。其中多晶硅业务为乐山电力控股的年产量达 3000 吨的乐山乐电天威硅业科技有限责任公司（控股 51%）于 2010 年 4 月正式转入生产经营，乐电天威硅业主要生产、销售多晶硅、单晶硅、单晶切片、多晶锭、多晶切片、太阳能电池、组件和系统，2010 当年即实现多晶硅销售收入 5.76 亿元，毛利 1.14 亿元。

2010 年度，公司完成发电量 4.74 亿千瓦时，售电量 17.60 亿千瓦时，实现营业收入 8 亿元，同比增长 29.85%；天然气售气量 7543 万立方米，营业收入达 1.8 亿元，同比增长 16.14%。公司实现营业收入 17.79 亿元，比去年增长 89.78%，实现营业利润 0.94 亿元，同比增加 33.91%。其中电力和多晶硅收入分别占到营业收入的 45% 和 32.39%，而在 2009 年同期仅电力营业收入即占总营业收入的 65.77%。

公司未来的发展仍以电力为主，同时拓展新能源产业。公司以转变发展方式为主线，2011 年计划发电量为 4 亿千瓦时，售电量 17 亿千瓦时，多晶硅产量 2200 吨，售气量 7600 万立方米，积极发展电源，加快电网建设，实现电力业务持续稳定增长。

投资要点

优势：

（1）多晶硅生产企业，存在较大技术改进潜力。

（2）公司生产基地位于四川省，该地区具有丰富的水电、天然气资源。

（3）四川省国有控股的唯一多晶硅制造、研发企业，地方支持力度较大。

风险：

（1）公司多晶硅产能与保利协鑫等领先企业相比仍存在较大差距。

（2）非纯粹太阳能上市公司。

第二节　风能

在自然界的风中蕴含着巨大的能源，根据世界气象组织和中国气象科学研究院分析，地球上可利用的风能资源约为 2000 万兆瓦，发展潜力巨大。人类利用风能的历史可以追溯到公元前，但一直以来风能利用进展缓慢。直到 1973 年国际能源危机，人类才认识到其作为可再生能源的巨大潜力，风能技术得以迅速发展。随着技术进步，在过去 20 年间，风力发电的成本已经降低了 80%，风能的发电成本甚至已经可以与传统化石能源展开竞争，可以说风能是目前技术上最为成熟的可再生能源之一。

进入 21 世纪以来，风电发展迅速，全球风电装机容量取得了迅速的增长，风电累计装机容量从 2001 年的 24900 兆瓦增长到 2009 年的 160100 兆

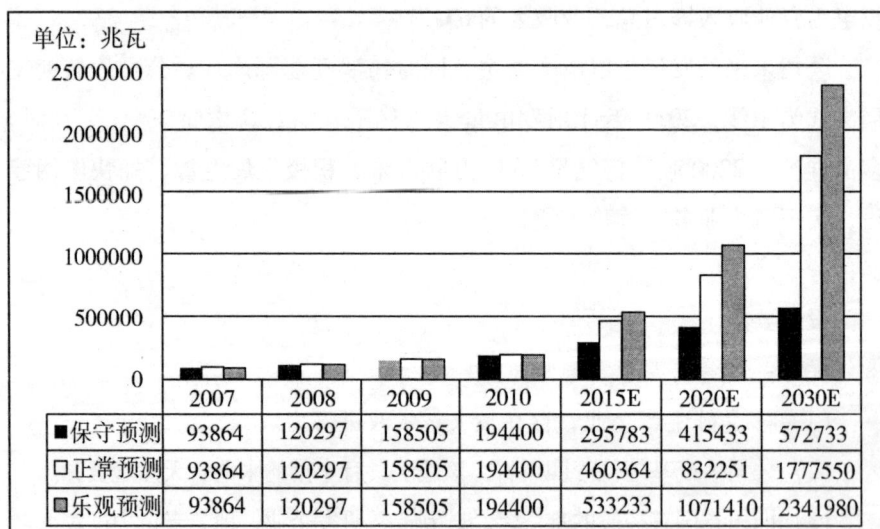

单位：兆瓦	2007	2008	2009	2010	2015E	2020E	2030E
■保守预测	93864	120297	158505	194400	295783	415433	572733
□正常预测	93864	120297	158505	194400	460364	832251	1777550
■乐观预测	93864	120297	158505	194400	533233	1071410	2341980

图 3－3　全球累计风能装机容量

资料来源：全球风能理事会（GWEC）

瓦，年复合增长率高达 26.2%，仅 2009 年全年新增风电装机容量就高达
38100 兆瓦，同比增长 35.2%。风电装机容量在未来仍将保持持续的快速
增长，正常估计，到 2030 年世界风电装机容量将超过 1777000 兆瓦。图
3-3为保守、正常及理想状况下未来全球风电装机容量的预期。

风（电）能技术简介

几个世纪以来，人们通过风车来将风能转化为机械能，以进行抽水、
磨碎谷物等生产活动。而现在的风力发电技术，从原理上来说和风车较为
相似，均是通过风吹动叶片，从而产生机械能。而与风车不同的是，风力
发电装置，是通过叶片的旋转，带动齿轮，让导体在强力磁场中迅速旋
转，以产生电能。

风能发电的主要形式有三种：一是独立运行，二是风力发电与其他发
电方式（如柴油机发电）相结合，三是风力并网发电。其中并网发电的单
机容量大，发展潜力大，本书主要讨论的就是风力并网发电。

风力发电机主要包括水平轴式风力发电机和垂直轴式风力发电机等。
其中，水平轴式风力发电机是目前技术最成熟、生产量最多的一种形式。
它由风轮、增速齿轮箱、发电机、迎风装置、控制系统、塔架等部件组
成。其中风轮将风能转换为机械能。而由于风轮转速较慢，风轮的转动需
通过传动装置由增速齿轮箱进行增速，增速后的机械能传递到发电机，用
以产生电力。由于风向经常变化，为了有效地利用风能，还需安装迎风装
置，它根据风向传感器测得风向信号，由控制器控制偏航电机，驱动与塔
架上大齿轮啮合的小齿轮转动，使机舱始终对风。塔架是支撑风力发动机
本体的构架，它把风力发动机架设在不受周围障碍物影响的高空中。

风力发电机并不能将所有流经的风力能源转换成电力，理论上最高转
换效率约为 59%，实际上大多数的叶片转换风能效率约介于 30%～50% 之
间，经过机电设备转换成电能后的总输出效率约为 20%～45%。一般市场
上风力发电机的启动风速约为 2.5 米/秒～4 米/秒，于风速 12 米/秒～15

米/秒时达到额定的输出容量。当风速更高时，风力发电机的控制机构将电力输出稳定在额定容量左右，为避免过高的风速损坏发电机，大多于风速达 20 米/秒 ~ 25 米/秒范围内停机。依据目前的技术，3 米/秒左右的风速（微风的程度）便可以进行发电。但在进行风场评估时，通常要求离地 10 米高，年平均风速达到 5 米/秒 ~ 5.5 米/秒以上。

由于自然界中的风经常变化，而风力发电机对风速有一定的要求，风力发电机无法时刻都保持运作，风电属于间歇性能源。基于此，风力发电需要其他发电方式或者储能装置配合才能实现无间断供电。

风能发电的优缺点

优点：

（1）风能是无污染、可再生的能源。

（2）风力发电场的运行和维护成本较低。

（3）风力发电技术已较成熟，目前成本已与传统化石能源相近。

缺点：

（1）风力发电对风的速度有要求，是一种间歇性能源，无法实现全容量运行。

（2）风力发电需要其他发电方式或者储能装置配合才能实现无间断供电。

（3）风力发电对位置要求较高，通常需要很长的电力输送线。

（4）风电设备对野生动物生命威胁较大。

风电市场的产业链

风力发电价值链主要包括零部件供货商、风力发电机组供货商、风电营运商三部分组成。下面具体介绍一下。

零部件供货商：主要负责风力发电机的零部件生产，这些零部件主要包括转动叶片、增速齿轮箱和传动装置、发电机、塔架及控制系统等。在中国香港上市的中国高速传动（00658. HK）就是主要生产增速齿轮箱和传动装置的厂商。国内 A 股上市的企业中材科技（002080. SZ）主要生产风力发电机叶片。

风力发电机组生产商： 主要是生产风力发电机组厂商，其通过自行生产或者外部采购零部件设计生产出风力发电机，将之出售给风电运营商。在中国香港上市的金风科技（02208. HK），其主营业务就是研发、生产及销售风力发电机组。同时，金风科技（002202. HK）亦在国内上市，此外还有风电机组生产商华锐风电（601558. SH）、湘电股份（600416. SH）等。美国上市的明阳风电（MY. NYSE）近年来在国内市场份额亦稳步增加。

风电营运商： 主要通过取得风力农场使用权，并于之上安装风力发电机组，生产电力以供销售。整体看，中国大型的风电运营商主要在中国香港上市，其中以龙源电力（00916. HK）、大唐新能源（01798. HK）为代表。

中国风电产业简述

近年来，受益于中国大力推动可再生能源建设，加上国内风电厂商逐渐壮大，中国风力发电产业发展迅速。风电装机容量在连续四年翻番的基础上，2010年再次增长达73%。截至2010年12月31日，中国风电累计装机容量达44700兆瓦，而2010年中国新增风电装机容量更是达18900兆瓦，中国继2009年后再次成为世界最大的风力发电市场（见图3-4）。预计未来中国风电装机容量仍将维持高速增长，正常估计，到2030年中国风电装机容量将达403000兆瓦。

受益于中国风电装机容量的迅猛增长，中国的风机设备产能也迅速增长，其产业集中度进一步提高。如今国内的风力发电机组生产商已经超过中国市场的85%，并开始出口到海外。2009年中国的风力发电机组生产商已有三家（包括华锐风电、金风科技和东方电气）进入全球风机制造商十强之列，其中金风科技及东方电气在中国香港上市。

风电运营商方面，能源投资企业是风电开发的主力，2009年能源投资企业风电装机在已经建成的风电装机中的比例已高达90%，其中央企能源投资企业的比例超过了80%，五大电力集团超过了50%。其他国有投资

单位：兆瓦

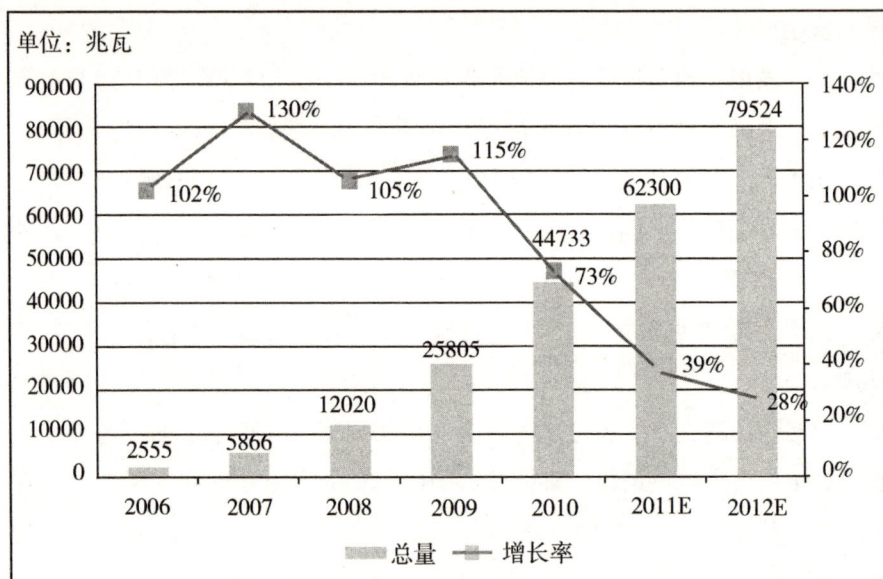

图3-4　中国累计风电装机容量

资料来源：智信中国低碳投资管理有限公司

商、外资和民企比例的总和还不到 10% 。2009 年中国国内的风电运营商中，龙源电力和大唐新能源，加上未来或将在中国香港上市的华能新能源，不论是从当年安装量、累计安装量，还是接入电网容量，均稳居三甲位置。

　　由于近年来风电装机速度大大超过了此前预期，电网建设落后于风电装机规模，进入 2011 年以来，中国风电装机速度下降较快，市场预期 2011 年中国风电新增装机容量出现负增长可能性较大。而一旦中国风电机组新增装机速度下降，被长期高速增长所掩盖的发展中的问题将迅速暴露，中国风电产业将经历 21 世纪以来最大的阵痛期。但经历风雨后，才能见彩虹，相信目前在成本上已极具竞争力的中国企业，在解决好相关问题后，必将更好地叱咤于国际风电市场。

风电投资要点

　　虽然中国风力发电市场规模未来仍有较大的增长潜力，但是中国风电产业在经历了前期连续 5 年的高速增长后，未来增速放缓已成为必然趋势。

对于上游的零部件供货商来说，风电技术的发展方向、海外市场的开拓、能否开发出高质量的进口产品替代品，需重点关注；对于中游的风电设备生产商来说，海上风电技术、大容量风机生产能力、海外市场的拓展、前期生产的风电设备在运营期中的表现、在竞争日趋激烈的市场中毛利率能否维持稳定等，将是决定风电设备生产商业绩的关键，亦是投资风电需重点关注的要点。而对于下游的风电运营商来说，风电储备容量、能否如预期进度新增装机容量、风电场并网问题能否得到解决等问题都需重点关注。

1. 上游的零部件供货商

（1）风电技术的发展方向。如直驱（无齿轮）技术和齿轮技术的选择，就对中国高速传动未来业务发展产生巨大影响。

（2）海外市场的开拓。由于中国风电市场竞争激烈，具有相对成本优势的中国风电设备生产商能否有效开拓海外市场尤为关键。但是其中必须注意国际上潜在的新能源贸易保护主义会不时给中国相关企业制造麻烦。

（3）能否开发出高质量的进口产品替代品。目前中国风电设备少数核心设备仍需依靠进口（控制系统和逆变装置是中国企业的软肋），能够开发出高质量的进口替代品的相关零部件的生产企业，将具有较大的投资前景。

2. 中游的风电设备生产商

（1）海上风电技术。海上风电是未来风力发电行业的制高点，海上风电技术领先的风电设备生产商，未来投资前景较佳。

（2）大容量风机生产能力。风力发电设备未来发展的方向是大型化，这将决定相关制造企业未来的竞争能力。

（3）海外市场的拓展。经过近年来的迅速发展，一方面中国风电设备生产商无论在规模、技术还是在成本上，均已具有较强的国际竞争力；另一方面，随着中国的风电装机容量日渐成熟，国内风电市场竞争日趋激烈，未来拓展海外市场将是中国风电设备生产商进一步发展的突破口。同样，风电设备生产商在开拓海外市场时，亦需注意海外潜在的新能源贸易保护主义。

（4）前期生产的风电设备在运营期中的表现也相当重要。对于长期暴露在自然界的风力发电设备来说，设备的质量尤为重要。近期中国风机质量事故频发，就暴露出不同设备生产商产品在质量上的差距。设备质量佳的生产商，无疑在未来竞争中处于优势位置。

（5）在竞争日趋激烈的市场中毛利率能否维持稳定。风电设备价格不断下降趋势仍将持续，未来设备生产商势必将用产业垂直整合、加强成本管理等手段维持产品毛利率的稳定，这方面的表现将决定未来企业的赢利能力及市场竞争力。

3. 下游的风电运营商

（1）风电资源储备。由于适合建设风电场的风电资源有限，对于风电运营商来说，风电资源储备容量一方面决定了其后续发展潜力，另一方面也说明其在国内市场的开拓能力。

（2）能否如预期进度完成新增装机容量。目前国内领先的风电运营商皆具有大量的风电资源储备，其能否如预期将风电资源储备转化为新增装机容量，将对其业绩产生重大影响

（3）风电场并网问题。目前对于中国风电运营商来说，风电场的并网问题是最大的难题，即使有风电资源在手，如果不能并网也是物无所用。不过相信即将出台的新的风电并网标准将促进电网并网率和购电量的提高，唯风电并网问题彻底解决仍需时日。

风能上市公司简介

中国香港上市的风能公司

龙源电力集团股份有限公司（China Longyuan Power Group Corporation Limtted）

主席：朱永芃

上市代码：00916. HK

行业：风电运营商

公司网页：www. clypg. com. cn

低碳业务亮点

龙源电力集团股份有限公司（以下简称"龙源电力集团"）前身为龙源电力集团公司，成立于1993年1月，是国内最早从事新能源开发的电力企业之一。经国务院国资委批准，2009年7月9日，龙源电力集团公司正式改制为龙源电力集团股份有限公司。上市后，公司股份总数为7464289000股，其中中国国电集团公司合并持股比例为63.68%，为公司控股股东。龙源电力集团的控股股东是中国五大发电集团之一的中国国电集团公司，而龙源电力集团是中国国电集团公司的新能源上市平台。

龙源电力集团业务主要集中于可再生能源发电项目，其中风电发电业务是其主营业务，截至2009年12月31日，龙源电力风电总装机容量为4842.4兆瓦，风电控股装机容量4503.5兆瓦，占龙源电力总装机容量的70.3%。龙源电力在中国和亚太地区均位列第一，在全球位列第五。龙源同样致力于拓展公司风电储备，2009年集团新增风电储备容量16000兆瓦，总储备容量已达45000兆瓦。

龙源电力集团除风电业务外的其他可再生能源业务，包括太阳能、潮汐、生物质、地热发电。2009年集团其他可再生能源业务控股装机容量为

28.9 兆瓦。相对风电装机容量来说，目前规模仍较小，但未来发展潜力巨大。同时龙源电力集团旗下还有两家火力发电公司，火电控股装机容量为 1875 兆瓦。

投资要点

优势：

（1）国内三大风电运营商之一，大股东为中国国电，实力雄厚。

（2）央企背景，风电储备量大，极具发展潜力。

（3）国家"十二五"期间大力发展风电产业，最为受益国家扶植政策。

风险：

（1）目前风电招标价格较低，影响业绩。

（2）国家政策变动风险。

（3）部分风电场位置较偏远，送电受限。

新疆金风科技股份有限公司（Goldwind Science & Technology Co., Ltd.）

主席：武钢

上市代码：02208. HK

行业：风力发电机组

公司网页：www.goldwind.cn

低碳业务亮点

新疆金风科技股份有限公司（以下简称"金风科技"）是中国行业历史最为悠久的风电设备研发及制造企业，拥有强大的研发创新能力。公司拥有自主知识产权的直驱永磁技术。代表着全球风电领域最先进的技术路线，产品除广获主要国内电力公司的采用，还进入了美国和欧洲等海外市场。金风科技先后在深圳证券交易所（股票代码：002202）和中国香港联合交易所（股票代码：2208）上市，2009 财政年度营业收入和净利润分别超过 107 亿元和 17 亿元。

金风科技自 1998 年创立，截至 2010 年 8 月 31 日，金风科技一共销售了超过 9150 台风力发电机组。按照每年 2500 小时的满发计算，这些机组每年可以发电约 260 亿千瓦时，满足一座 100 万人口城市 17.3 年的民用和商业用电需要。这些风电相当于每年为国家节约 876 万吨标准煤，减少二氧化碳排放 2100 万吨，相当于再造了 1180 万立方米森林。

金风科技近年来业务规模迅速扩展，2009 年其新生产风电机组装机容量达 2727 兆瓦，是世界第五、中国第二大风电机组制造商。金风科技的主要业务包括风力发电机组研发、生产及销售业务，风电服务业务和风电场投资、开发及销售业务三大类业务。其中风力发电机组研发、生产及销售业务是金风科技的核心业务，2009 年该业务占其年度收入总额的 97%。其主要产品是 1.5 兆瓦直驱永磁系列风力发电机组和 750 千瓦失速型系列风力发电机组。为适应风电发展的大型化趋势，金风科技大力研发大型风电发电机组，目前公司的 2.5 兆瓦及 3 兆瓦风电机组已进入试运行，5 兆瓦的风电机组亦已开始研发。

金风科技的风电服务业务，向客户提供完整的服务，涵盖了从最初的投资咨询及建设前项目服务（如可行性研究及测风）、项目建设服务（如 EPC 承包）以至建设后运营及维护服务（如设备维护及风电场运行及维护）等整个风电场的开发过程。该业务 2009 年收入达人民币 21540 万元，占其年度收入总额的 2%。

金风科技的风电场投资、开发及销售业务。向风电场的运营者及投资者提供已投资及开发，并配备本集团的风力发电机组设备的已建成风电场。该业务 2009 年收入达人民币 10370 万元，占其年度收入总额的 1%。

投资要点

优势：

（1）世界第四、中国第二的风电机组制造商，规模优势明显。

（2）国家"十二五"期间大力发展风电产业，风电机组未来需求巨大。

（3）拥有自主设计核心零部件及优化集团内部供应链的能力，可有效控制成本。

（4）拥有强大的自主研发设计与产品开发能力。

风险：

（1）风电设备生产商产能迅速扩充，风电机组价格不断下降，未来竞争激烈。

（2）海上风电项目存在不确定性。

（3）某些关键零部件依赖进口。

（4）国家政策变动风险。

中国高速传动设备集团有限公司（China High Speed Transmission Equip Grp）

主席：胡曰明

上市代码：00658. HK

行业：风力发电机组

公司网页：www. chste. com

低碳业务亮点

中国高速传动设备集团有限公司（以下简称"中国高速传动"）是一个以专业生产高速重载齿轮为主的大型企业集团，名列中国机械工业核心竞争力100强。

近年来，中国高速传动在新的产品领域里取得了突破性的进展，目前风力发电传动设备占据国内90%以上的市场。公司已能批量供应2兆瓦以下的各种类型的风力发电主传动及偏航变桨传动设备，目前正在研发2.5兆瓦、3兆瓦的风力发电传动产品。在船舶传动领域，公司与政府合作开发了大型船用传动设备及液压调桨传动装置（CPP桨），产品主要出口国外市场。同时公司瞄准高速机车、城市轻轨的传动设备市场，积极开发机车传动设备，并与法国 Alstom 签订了技术支持协议，该产品将覆盖国内外市场，成为公司又一新的经济增长点。

中国高速传动主要从事研究、设计、开发、制造和分销广泛应用于工业用途上的各种机械传动设备。其传动设备按用途来分，可划分为风电齿轮传动设备，船舶传动设备，高速机车、城市轻轨机车的传动设备及传统传动产品四大类。其中风电齿轮传动设备和高速机车、城市轻轨机车的传动设备具有低碳概念，前者属于风电行业，而后者属于清洁交通业务。

中国高速传动的风电齿轮传动设备业务是其主要业务，2009 年该业务收入占其总收入的 67.38%。集团的生产的 1.5 兆瓦、2 兆瓦风电传动设备目前已大批量供应国内及国外客户，产品技术达到国际先进水平，并得到广大客户的好评。而集团在 3 兆瓦大型风电传动设备的研发方面亦取得了长足的进展，未来将为集团带来更大的业务突破。

中国高速传动的高速机车、城市轻轨机车的传动设备是其新开发业务，目前规模较小，但其未来有望成为集团新的经济增长点。公司在 2008 年 4 月通过了 ALSTOM 集团的产品质量认证。同时，在 2008 年底，亦已分别安装在北京、上海及南京等地的高速列车进行实地测试。

投资要点

优势：

（1）在国内风电齿轮传动设备中占据较大市场份额，竞争优势强。

（2）风电零部件生产商，有望受益风电行业迅速发展。

（3）高铁传动设备业务，有望成为业绩新的亮点。

风险：

（1）下游风电机组价格下降或挤压公司利润。

（2）直驱（无齿轮）技术可能将对于风机齿轮箱行业构成长期挑战。

中国大唐集团新能源股份有限公司（Datang Corporation Renewable Power Co.，Ltd.）

主席：陈进行

上市代码：01798.HK

行业：风电运营商

公司网页：www.dtxny.com.cn

低碳业务亮点

中国大唐集团新能源股份有限公司（以下简称"大唐新能源"）是中国大唐集团公司控股子公司。公司主要从事风力发电等新能源的开发、设计、投资建设、经营管理，低碳技术的研发、应用与推广，新能源相关设备的研制、销售、检测与维修，与新能源业务相关的培训、咨询服务等。

大唐新能源的前身是中国大唐集团新能源有限责任公司，成立于2004年9月23日，首批机组于2005年8月份并网发电。经过几年来的快速发展和科学的管理整合，截至2010年6月30日，公司总装机容量为271.7万千瓦，成为中国领先的以风电业务为主的可再生能源公司。

大唐新能源主营业务为风电运营，2010年上半年风电项目的电量销售额为104300万元，占营业收入的91%。其余为销售核证减排量的收入，2010上半年销售额10160万元。同时大唐新能源在发展太阳能及生物能等新能源。以风电装机容量和风电装机增长情况来看，大唐新能源居中国第二。截至2009年，总装机容量达到2619兆瓦，比上年增加68%，占全中国装机容量的10%。2009年风电发电容量为1901.9兆瓦，比上年增长57%。2010年上半年，大唐风能与中国22个省份签订风能储备协定，储备量达到50700兆瓦，其中37000兆瓦位于内蒙古、辽宁、吉林及黑龙江。

大唐新能源2010年上半年经营利润为64660万元，而其2009年度经营利润为85980万元，较2009年同期下降2%。因其60%的风电厂均设在内蒙古，该省份的输电限制将影响其目前及以后的电力输出。且内蒙古地区的标准电价（0.51~0.54元/千瓦时）比中国其他地区（0.51~0.61

元/千瓦时）的价格低，限制利润增长。

大唐新能源的销售核证减排量的业务依赖《京都议定书》下的清洁发展机制及向清洁发展机制执行理事会注册的进度，《京都议定书》的届满或注册政策的任何变动或会影响其销售核证减排量的收入。

投资要点

优势：

（1）国内三大风电运营商之一，大股东为大唐国际发电股份有限公司，实力雄厚。

（2）央企背景，风电储备量大，极具发展潜力。

（3）在海上和电网友好型风电项目的发展及运营上拥有竞争优势。

（4）国家"十二五"期间大力发展风电产业，受国家政策扶持。

风险：

（1）目前风电招标价格较低，影响业绩。

（2）国家政策变动风险。

（3）风电项目过于集中于内蒙古。

（4）《京都议定书》第一阶段到期后，销售核证减排量业务的风险。

国内 A 股上市的风能公司

华锐风电科技（集团）股份有限公司（Sinovel Wind Group Co., Ltd.）

法人代表：韩俊良

上市代码：601558. SH

行业：风电机组设备

公司主页：www. sinovel. com

低碳业务亮点

华锐风电科技（集团）股份有限公司（以下简称为"华锐风电"）是中国第一家自主开发、设计、制造和销售适应全球不同风资源和环境条件的大型陆地、海上和潮间带风电机组的专业化高新技术企业。华锐风电肩负重大装备国产化的历史使命，以技术创新、国产化、规模化、大型化、国际化作为长期发展战略，创造了中国风电设备制造业多个第一和奇迹。

2011年1月13日华锐风电以90元/股的高价格正式上市，成为中国资本市场的焦点，也成为上海证券交易所有史以来发行价格最高的股票。华锐风电在国内风电行业前景不明朗、国产兆瓦级风电配套产业链处于空白、风险较大的背景下设立。但是公司建立了国内规模最大且成熟稳定的产业供应链，产业链的上游是风力发电设备的零部件及配件，主要是叶片、轴承、发电机等，下游产业链是各级发电企业。完善了以北京为管理和研发核心，以大连、盐城、酒泉和包头为生产基地的产业化布局，其中，大连和盐城基地是公司目前主要的生产基地和出口基地。

华锐风电的主营业务为大型风力发电机组的开发研制、生产及销售，当前产品主要为1.5兆瓦系列和3兆瓦系列风力发电机组。公司率先引进1.5兆瓦风力发电机组技术，通过二次开发和再创新，开发了适用于不同风区类型、不同温度范围的1.5兆瓦系列化风电机组，公司还研发出具有自主知识产权的3兆瓦海上、陆地系列风电机组并实现规模化生产。

海上风电方面，公司在国家首轮100万千瓦特许权项目中标60万千瓦海上项目（全部采用3兆瓦风电机组）。江苏大丰沿海潮间带30万千瓦示范项目中标。陆上大风机方面，公司中标38.4万千瓦（采用3兆瓦陆地风电机组）和45兆瓦（采用5兆瓦陆地风电机组）的甘肃酒泉千万千瓦级风电基地示范项目，并获得黑龙江大庆20万千瓦的3兆瓦风电机组订单。新疆哈密及张家口地区330万千瓦特许权项目中标135万千瓦（其中采用3兆瓦风电机组项目90万千瓦）。

此外，公司目前在手订单3600兆瓦，中标未签约订单达到10800兆瓦左右，而且产品结构优质，3兆瓦机组5610兆瓦，5兆瓦机组945兆瓦，6兆瓦机组48兆瓦。公司在大容量海上、陆地风机领域走在了市场前面，未来将充分受益风电装机结构调整。

2010年，公司新增装机容量438.6万千瓦，继续占据中国第一、全球第二的位置，同时保持了收入和利润的持续增长。2010年实现总营业收入

203.25 亿元，同比增长 48.03%；获得净利润 28.56 亿元，同比增长 50.87%。2011 年，华锐将进一步推进现有项目的建设和完善工作，全面拓展海外投资；完成 6 兆瓦及以上更大功率风电机组的设计开发，优化 1.5 兆瓦、3 兆瓦及 5 兆瓦系列风电机组；巩固国内市场优势，进一步提高国际市场份额，

投资要点

优势：

（1）中国第一、全球第二的风电整机生产商，规模优势明显。

（2）公司在海上风电项目上具有较大优势。

（3）拥有强大的自主研发设计与产品开发能力。

风险：

（1）在市场需求或放缓的情况下，风电整机生产竞争将更加激烈。

（2）下游风电运营商延后支付货款较严重，影响公司资金链。

（3）国家政策风险。

中材科技股份有限公司（Sinoma Science & Technology Co., Ltd.）

法人代表：李新华

上市代码：002080.SZ

行业：特种纤维复合材料、风电叶片

公司主页：www.sinomatech.com

低碳业务亮点

中材科技股份有限公司（以下简称"中材科技"）是我国特种纤维复合材料的技术发源地，是专业从事风电叶片及其模具研究、设计、制造、销售及技术服务的高新技术企业，是国内最早形成兆瓦级风电叶片产业化的公司之一，也是国内知名、北京地区唯一的兆瓦级风电叶片制造商。公司承继了原南京玻璃纤维研究设计院、北京玻璃钢研究设计院和苏州非金

属矿工业设计研究院三个国家级科研院所40多年的核心技术资源和人才优势，是我国特种纤维复合材料行业的技术装备研发中心，也是我国国防工业最大的特种纤维复合材料配套研制基地，引领着中国特种纤维复合材料的技术发展方向。

公司主要从事特种纤维复合材料及其制品的制造与销售，并面向行业提供技术与装备服务。主要产品为风电叶片、高压复合气瓶等，并从事万吨级玻璃纤维池窑拉丝工程和大型非矿工程的设计、关键装备制造及技术服务。公司的特种纤维复合材料行业属于新材料领域，风力发电叶片、高压复合气瓶、高温过滤材料、玻璃微纤维纸等主导产品技术领先、质量稳定，符合国家资源节约、环境保护、节能减排、绿色制造的产业政策，市场前景广阔，有着良好的发展机遇。而且公司的风力发电叶片等主导产业产品已形成了一定的品牌优势，市场占有率逐年提高。

中材科技2010年实现营业收入25.7亿元，增长59.6%，其中叶片、覆膜滤料等特种纤维复合材料收入增长65.1%，是公司业绩的主要增长点。2010年，公司风电叶片有效产能达到1300套，全部为1.5兆瓦、40.25米的类型。风电叶片规模较往年同期扩大很多。2011年上半年，公司在八达岭、酒泉、白城生产线陆续达产，预计产能可达2300套以上。

投资要点

优势：

（1）技术优势明显，是中国风电叶片行业竞争力最强的公司。

（2）除风电叶片外其他业务发展潜力较大。

风险：

（1）受行业整体增速放缓影响，风电叶片价格或加速下滑。

（2）中游风电整机生产商延后支付货款较严重，影响公司资金链。

（3）国家政策风险。

湘潭电机股份有限公司（Xiangtan Electric Manufacturing Co., Ltd.）
法人代表：周建雄
上市代码：600416.SH
行业：风电整机及装备、电机
公司主页：www.xemc.com.cn

低碳业务亮点

湘潭电机股份有限公司（以下简称"湘电股份"）成立于1999年，其前身湘潭电机厂是我国电工行业的大型骨干企业和综合性电工行业的新产品实验基地，长期以来一直承担着国家许多重点新产品的研制任务，其研制成功的产品填补了国家多个领域的空白。公司属于湘电集团有限公司旗下唯一一家上市公司，38.79%的股份即由湘电集团所持有，集团为公司提供了雄厚的资本和技术支持。湘电股份拥有独立的生产、采购和销售系统。近年来，公司对业务结构进行调整，加大科研开发力度，不断生产出新产品，成为机电产品一体化生产的综合性企业。公司根据国家政策涉足新能源领域，主营产品包括风电系统、电机、城市轨道交通系统等方面。公司自行研制的新型城市轻轨车于2001年就已经成功下线。随着国家新能源产业的发展力度不断加大，湘电股份以规模化、产业化为突出标志，未来将把自己打造成在电工领域占据领先地位，以新能源川贝、电气成套装备为支柱产业，继续保持科学跨越发展的国际性企业。

公司是我国电工行业综合技术优势和产品配套能力最强的企业之一，机电一体化的开发研制和生产制造能力在国内行业处于领先地位。其主营业务包括风电整机及相关零部件、交/直流电机、城轨交通和水泵等产品。

公司2006年初涉风电领域即以高起点的直驱机组为主，作为国内电机行业的龙头企业，公司的风电设备关键零部件实现自给，在双馈风力发电机领域也具有强劲的实力。公司风电业务主要分为两个板块：一是由其持股51%的风能公司生产的风电整机；二是风电关键零部件发电机、变流器、主轴承等的研究和生产。公司风机核心价值链完备，风机关键零部件采用纵向一体化配套设施和直驱紧凑型永磁技术，在高端市场占据先发优势，整机产品则集中于2兆瓦~5兆瓦风机。

公司收购Darwind公司后具备了发展海上风电的先发优势，2010年10月公司5兆瓦直驱海上风机成功下线，在我国海上风电开始起步并即将进入快速发展的背景下，湘电将凭借在该领域的技术优势得到快速发展。2010年公司产销风机450台，新增装机份额达5%以上。2011年公司又中标双馈风力发电机4.37亿元大单，风电整机计划销售900台，新增份额将增9%。

投资要点

优势：

（1）海上风电技术上具有一定优势。

（2）产品以直驱为主，符合风电发展趋势。

（3）公司涉及的轨道交通、高效节能电机、核电方面的业务，潜力较大。

风险：

（1）生产规模相对偏小，在激烈竞争中压力较大。

（2）国家政策风险。

美国上市的中国风能公司

中国明阳风电集团有限公司（MINGYANG WIND POWER）

主席：张传卫

上市代码：MY. NYSE

行业：风电整机

公司主页：mywind. com. cn/

低碳业务亮点

中国明阳风电集团有限公司（以下简称"明阳风电"）成立于2006年

6月，总部位于广东中山，是中国目前最大的非国有控股风电设备制造商，致力于兆瓦级风力发电机的设计、制造、销售及服务。公司在中山、吉林、天津、南通四地设有生产基地，并在丹麦建立了明阳风电欧洲研发中心。明阳风电目前的主要产品是与德国 Aerodyn 公司联合设计、开发的 1.5 兆瓦级风机，新产品 3 兆瓦级 SCD 超紧凑型风机即将商业化批量生产，6 兆瓦级风机的研发工作也已经启动。2010 年 10 月 1 日，明阳风电正式登陆纽交所，成为中国首家在美国主板市场上市的风电整机制造企业。在 2009 年中国风力发电机组新增装机总容量中，明阳风电占据了 4.06% 的份额，排名行业第六位。

明阳风电主要经营风电整机的生产、销售及维修业务，主要产品是与德国 Aerodyn 公司联合设计、开发，核心产品包括 MY1.5se 耐寒型和标准型两种，其中耐寒型风机采用最新叶型和最新复合材料，是专为高纬度地区设计，能承受极限低温 −40℃。标准型风机直径达 73 米，装有抗台风风轮，采用高效率、低谐波 IGBT 变频系统和 SCS 控制系统，极限风速可达 70 米/秒，专为中国东南沿海低平均风速、有可能受到台风危害的地区设计。

明阳风电从 2008 年 5 月第一批商业应用的 1.5 兆瓦级风机交付到 2010 年 9 月 30 日，明阳风电总共签订了 2048 台风机的订货合同，并累计交付了 717 台风机。目前公司商业化交付的风机全部属于 1.5 兆瓦级。2010 年 5 月，明阳风电 2.5/3 兆瓦级 SCD 超紧凑型风力发电机的首台样机下线，并于 2010 年 8 月份运往江苏如东潮间带试验风电场进行安装调试。到 2010 年底，明阳风电形成了商业化批生产 2.5/3 兆瓦级 SCD 超紧凑型风机的能力。其中，中山生产基地 SCD 型风机的年产能为 200 套，江苏南通基地 SCD 型风机的年产能为 100 套。此外，明阳风电还自产变速箱、发电机和桨距控制系统。2010 年全年，明阳风电总共交付并确认了 802 套风力发电机组，较 2009 年增加 427.6%；实现总营收 8.36 亿美元，增长 370.5%；毛利率为 19.7%，大幅高于 2009 年的 6.5%。

投资要点

优势：

（1）唯一在美国主板上市的风电整机制造商。

（2）自产零部件较多，能有效降低成本。

风险：

（1）风电设备生产商产能迅速扩充，风电机组价格不断下降，未来竞争激烈。

（2）下游风电运营商延后支付货款较严重，影响公司资金链。

（3）国家政策风险。

第三节　核电

　　2011 年日本因地震而发生的福岛第一核电站灾难性核泄漏事件，在引发全球民众对核辐射的恐慌的同时，亦使国人对核电有了更加深刻的了解。核电即利用原子能（目前为核裂变）进行发电，它与传统的火电具有一定的相似性，即都是对水加热形成蒸汽后推动汽轮发电机组生产电能。

　　人类核能的发展历史已经相当长，可惜第一个核能的实际应用是在战场上，二战中日本的广岛和长崎的核爆炸后的惨状至今还不能为人类所淡忘。而上世纪 70 年代的美国三里岛核泄漏事件（事实上当时并未造成重大的环境污染）和上世纪 80 年代前苏联的切尔诺贝利核电站的灾难性核泄漏事件，时刻都令人记忆犹新。而 2011 年日本核电站的核泄露事件，更是引发了全球对核电安全性及其实际效率的反思，相关的各种负面影响在本书截稿时尚未有完全显露出来。其实核电在普通人心目中一直犹如一个定时炸弹，因此在发展核电问题上，有关的争论无日无天。日本的核泄漏事件更使这种争论重新为各界所关注。然而核电产业却是闷声发大财，几十年间在争议声中发展壮大。自从 1957 年首个民用核电站投入使用至今，各国发展核电的势头有高有低，但总体而言是非常不错的。

全球核电的发展历史

第一阶段：实验、起步阶段（1954～1968 年）

　　1954 年 6 月，前苏联建成世界上第一座核电机组——5000 千瓦的石墨水冷堆奥布宁斯克核电站。美国于 1956 年投入运行了第一台核电机组，1957 年 12 月建成了希平港压水堆核电站。1960 年 7 月德国（东德）建成了德累斯顿沸水堆核电站。法国和英国在 1956 年也各建成一台石墨气冷堆机组。到了 20 世纪 60 年代，德国、日本、加拿大等国的核电工业相继发展起来，总装机 1223 万千瓦，最大单机容量 60.8 万千瓦。在这个时候核电的发电成本已低于常规火电站。

第二阶段：迅速发展阶段（1969~1979 年）

这一阶段核电技术趋于成熟，拥有核电站的国家逐年增多。特别是 1973 至 1974 年的全球性石油危机，将世界核电的发展推向高潮。1970 至 1982 年，美国的核电从 230 亿千瓦时增加到 2977 亿千瓦时，增加 12.9 倍，其比例在电力生产中从 1.3% 提高到 16%；法国核电增加了 20.4 倍，比例从 3.7% 增加到 40% 以上（目前已达 75% 左右）；日本增加了 21.8 倍，比例从 1.3% 增加到 20%。印度、巴西、阿根廷等发展中国家也相继建成了一批核电站。

第三阶段：发展缓慢阶段（1980~2000 年）

进入 20 世纪 80 年代以后，世界经济特别是发达国家的经济增长缓慢，因而对电力需求增长不快甚至下降。核电发展遇到重重困难。1979 年 3 月美国发生了三里岛核电厂泄漏事故，虽然未造成人命伤亡，却对世界核电发展产生了重大影响，特别是公众对核安全的疑虑难以消除。1986 年 4 月，苏联又发生了切尔诺贝利核电厂事故，影响更为深远。这两次重大的核电事故使不少人对核电产生了恐惧心理，民间形成了一股反对兴建核电站的强大力量。在这种情况下，公众和政府对核电的安全性要求不断提高，致使核电设计更复杂、政府审批时间加长、建造周期加长、建设成本上升，以致核电的经济竞争性下降。1978~1983 年，单美国一个国家就取消了 67 座核电站的订单，净减少发电能力约 78000 兆瓦。另一些国家如瑞典、奥地利、荷兰、意大利等都放慢甚至停止发展核电，前苏联也做出了不再建造石墨水冷堆核电厂的决定。

第四阶段：复苏阶段（2000～2010 年）

　　进入 21 世纪后，由于核电安全技术的快速发展，天然气和煤炭价格的不断推升使得核电显得相对便宜，核电的安全性和经济性的优势都开始逐渐体现出来；另一方面，化石能源导致的严重环境污染和气候变暖现实，令许多国家都将核能列入本国中长期能源政策当中。欧盟发表了关于能源供应安全的绿皮书，并重申必须依靠核能减少温室气体排放；美国表示将考虑建造新核电厂；一些亚洲国家如日本、中国和韩国都制定了重大的核电建设计划。欧洲国家也在继续实施核计划或重新考虑过往打压核电的政策，瑞典曾于 20 世纪 80 年代决定逐步放弃核能，但现已废弃了反核政策。

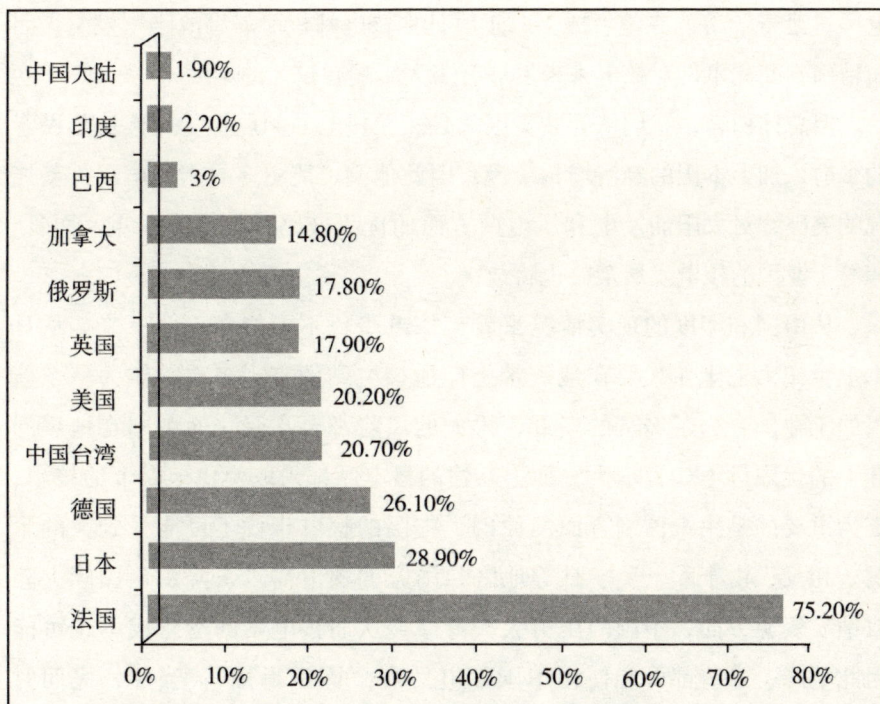

中国大陆　1.90%
印度　2.20%
巴西　3%
加拿大　14.80%
俄罗斯　17.80%
英国　17.90%
美国　20.20%
中国台湾　20.70%
德国　26.10%
日本　28.90%
法国　75.20%

0%　10%　20%　30%　40%　50%　60%　70%　80%

图 3 - 5　世界部分国家和地区核电电量占比

　　我们可以参考图 3 - 5。从这些重要国家的核电在电力总量所占比例就可以看到，中国和印度在核电的发展方面可以说是极具潜力的，而发达国家虽然说一直有质疑核电的声音，但是发展核电的步伐却没有真正停止过。

日本福岛核泄漏事件对核电发展的影响

随着2011年日本福岛核电站核泄漏事故发生，作为仅次于前苏联切利诺贝利核电厂事故的目前世界第二大核泄漏事故（已定为最高级第七级），时隔25年之后，人类在再次体会核泄漏所带来的灾难性危害的同时，亦开始以更加严厉的视角来思考核电站安全问题。随之而来的是，世界各国纷纷开始反思自身的核能政策，如中国暂停新核电项目审批、德国停止给核电厂"延寿"等。在笔者成书时正值日本核电站核泄漏事故刚刚发生，因而精确判断此事件对核电未来发展有多大影响有较大的难度。

但总体而言，我们认为欧美国家必然在核电的问题上受到舆论与民意的掣肘，加上本国的经济增长缓慢，因此他们可能更多寻求核电以外新能源的突破，对太阳能发电和风电两方面的优惠鼓励政策更为看重。而日、韩等工业国的核电发展策略也将放缓。

从中国和印度的现实情况来看，核电步伐不可能真正停下来。从日本上世纪六七十年代要在地震带上广建核电站的表现来看，作为一个新兴的工业国，为了经济的发展，再大的风险都要承受，而中国在地震问题上的忧虑远不如日本大，加上在建的核电站都采取两代半以上的技术，更为重要的是决策体制方面的原因，中国的核电步伐不可能受到大的影响。相反，由于欧、美、日等地区和国家的核电需求下降，从国际上获取铀矿资源方面，中国的压力大大舒缓，从而核电站的运营成本也可能因此下降，这些都可能使得中国核电发展"因祸得福"。当然，民间对核电安全的呼声将会越来越大，然而这点我们并不视为负面的因素，反而更为有利于核电的安全运作。

核电技术的分代

纵观核电发展历史，核电站技术方案大致可以分四代，即：

第一代核电站

核电站的开发与建设开始于上世纪 50 年代。1954 年，前苏联建成电功率为 5 兆瓦的实验性核电站；1957 年，美国建成电功率为 9 万千瓦的 shipping port 原型核电站。这些成就证明了利用核能发电的技术可行性。国际上把上述实验性和原型核电机组称为第一代核电机组。

第二代核电站

上世界 60 年代后期，在实验性和原型核电机组基础上，陆续建成电功率在 30 万千瓦的压水堆、沸水堆、重水堆、石墨水冷堆等核电机组，它们在进一步证明核能发电技术可行性的同时，也证明了核电的经济性。上世纪 70 年代，因石油涨价引发的能源危机促进了核电的大发展。目前世界上商业运行的 400 多座核电机组绝大部分是在这段时期建成的，习惯上称之为第二代核电机组。

第三代核电站

上世纪 90 年代，为了解决三里岛和切尔诺贝利核电站的严重事故的负面影响，世界核电业界集中力量对严重事故的预防和缓解进行了研究和攻关，美国和欧洲先后出台了"先进轻水堆用户要求"文件，即 URD 文件（utility requirements document）和"欧洲用户对轻水堆核电站的要求"，即 EUR 文件（European utility requirements document），进一步明确了预防与缓解严重事故、提高安全可靠性和改善人因工程等方面的要求。国际上通常把满足 URD 文件或 EUR 文件的核电机组称为第三代核电机组。对第三代核电机组要求能在 2010 年前进行商用建造。目前国内讨论最多的 AP1000 技术就是第三代核电技术。

第四代核电站

2000 年 1 月，在美国能源部的倡议下，美国、英国、瑞士、南非、日本、法国、加拿大、巴西、韩国和阿根廷等 10 个有意发展核能的国家，联合组成了"第四代国际核能论坛"（GIF），于 2001 年 7 月签署了合约，约定共同合作研究开发第四代核能技术。根据设想，第四代核能方案的安全性和经济性将更加优越，废物量极少，无须厂外应急，并具备固有的防止核扩散的能力。高温气冷堆、熔盐堆、钠冷快堆就是具有第四代特点的反应堆。

第一代核电站为原型堆，其目的在于验证核电设计技术和商业开发前景；第二代核电站为技术成熟的商业堆，目前在运的核电站绝大部分属于第二代核电站；第三代核电站为符合 URD 或 EUR 要求的核电站，其安全性和经济性均较第二代有所提高，属于未来发展的主要方向之一；第四代核电站强化了防止核扩散等方面的要求，目前处在原型堆技术研发阶段。

四代核电在反应堆类型和主要应用时期方面的比较，见表 3-5。

表 3-5　四代核电在反应堆类型和主要应用时期方面的比较

核电技术类型	反应堆类型	主要应用时期
第一代核电	早期原型反应堆	20 世纪 50 年代中期至 60 年代初
第二代核电	压水堆、沸水堆和重水堆	20 世纪 60 年代中期以后
第三代核电	ABWR（U.S）、AP1000（U.S）、EPR（EU）等	现阶段
第四代核电	三种快中子堆和三种热中子堆	预计 2030 年

为什么要发展核电

1. 新一代核电技术安全性大幅提高

日本福岛核泄漏事件发生后，核电站的安全性问题更加为公众所认识。由于日本福岛核电站的核电机组都是上世纪 60 年代设计，70 年代初投入运行的属于早期设计的沸水堆堆型，技术安全性相对较低。而经过近 50 年的发展，新一代的核电技术普遍采用压水堆技术，技术安全性大幅提高。尤其是第三代的 AP1000 技术，更是大幅提高了安全性。核废料的处理尤其是高放射性废料的处置方面的国际合作得到很大的加强，并制定了国际安全标准，因此核电站的安全性又逐渐得到公众的认可。当然，无可否认的是，公众在福岛事件后的忧虑目前还处于高位，但随着时间推移，公众恐慌消退后，舆论才可能真正开始客观地对待核安全问题。

2. 经济性

（1）随着煤炭、石油、天然气等大宗能源价格的不断上涨，尤其是 2011 年初中东及北非局势紧张，使得原油价格再度重返 100 美元/桶以上。而我们判断，油价在未来一年继续上升可能性极高，因此核电的成本优势开始体现。根据世界核能协会数据显示，目前核电单位发电成本已明显低于煤电。

（2）由于核电成本中燃料成本比例较低，仅有 10%~20%，且在燃料成本中铀矿的成本比重不到一半，因此即使铀矿的价格波动较大，对核电的成本影响亦较小。

研究显示，如果中国核电设备的国产化率达到 70%，中国的核能发电成本可能比燃煤火电便宜 10%。我们估计未来十年内在所有能源中核电将维持突出的成本优势。尽管投资额巨大，建设期偏长，以及安全性要求高，但由于利用率（每年发电的小时数）高，核能发电的成本较低。2009 年中国核电的平均利用率为 88%，相比水电利用率高一倍以上，比风电利用率高两倍以上。

3. 清洁性及环保问题

由于过度依赖化石能源，导致环境问题日趋严重。随着人类对环境问题越来越重视，核电清洁性的优势得到逐步体现，因此大量国家把发展核电作为实行碳减排的有效手段。

中国电力主要由煤电承担，所引起的环境污染严重，亦带来极大的运输压力。2010年第四季度部分地方政府拉闸限电，以达到减排达标，这种情况如果经常发生，将会大大伤害中国的投资环境。此现象也从另外一个侧面反映了中国发展清洁能源的迫切性。

4. 稳定性

和其他新能源不同，核电较少受到气候（如降雨、风力与日照等）的影响。另一方面，与燃煤火电不同，核电不易调节。一旦核电站开始运营，发电量不会出现大幅波动。由于这些特点，我们认为中国势必将把核电定位成发电量稳定、利用率高的基础能源之一，并在将来将部分取代燃煤火电。

5. 中国能源需求继续强劲

中国目前人均装机容量和用电量还有非常大的提升空间，通常的预期是到2020年装机容量将达16亿千瓦左右，年均复合增长5.9%。根据IEA出版的 *World Energy Outlook* 2010 提供的预测数据，全球一次能源的需求量在2035年将较之2008年上扬36%；同期，中国的一次性能源需求量将上升75%。

6. 能源安全

随着中国的石油对外依存度的逐年增加和快速增长的能源需求，能源安全已经引起了人们的高度关注。发展核电不仅能够有效地缓解电力紧张，还可以充分利用核能余热进行石油替代产品的生产，如将煤炭液化、气化，生产生物柴油、乙醇等。中国大规模发展核电可以充分利用国际上廉价稳定的铀资源。核燃料（铀等）能量密度大，体积小，可以进行大量的能源储备，用于应付可能出现的能源安全问题。

7. 有利于提高装备制造业水平，促进科技进步

核电工业属于高技术产业，其中核电设备设计与制造的技术含量高，质量要求严格，产业关联度很高，涉及上下游几十个行业。加快核电自主化建设，更有利于推广应用高新技术，促进技术创新，对提高中国制造业整体工艺、材料和加工水平将发挥重要作用。

中国核电未来的发展潜力

中国是目前世界在建核电装机容量最大的国家。截至 2010 年 11 月，中国核电装机容量 1014.8 万千瓦。同时，在建规模达 2400 万千瓦，共 23 台机组，占目前全世界在建核电机组的 40%。

综合众多投资银行的估计（包括瑞银、安信、中金和中信等），预计中国 2015 年的核电总装机容量会在 4000 兆瓦，到 2020 年则是 80000 兆瓦以上，而 2007 年的《核电中长期发展规划（2005～2020 年）》中只是要求在 2020 年达到 40000 兆瓦，分析员普遍估计会做重大的调整。而在 2010 年，中国完成的总装机容量也在 10000 兆瓦左右，也就是说未来 10 年完成装机容量将达到 70000 兆瓦以上，年复合增长率为 23% 以上。估计整个投资约 10000 亿元人民币，而设备市场容量接近 5000 亿元人民币，预计设备国产化率将可达到 80%，可想而知中国的相关企业将会有非常庞大的订单，这个还不包括出口部分。

到 2020 年核能发电量将占中国发电总量比例的 7.2%，目前只在 2% 左右。

虽然日本发生核电站泄漏后，中国暂停了新核电项目的审批，核电发展的预期或有所减弱，但目前在建的核电项目几乎不可能停止。由于中国能源需求巨大，政府经过冷静期后，重新审批新项目相信亦为时不远。

核电产业链

中国核电市场的进入门槛非常高，我们将来可能会看到很多公司涉"核"，但是投资者必须要有足够的分析能力证明这些涉"核"公司的真实性或可靠性，因此有必要首先认清核电产业的产业链（见图3-6）。

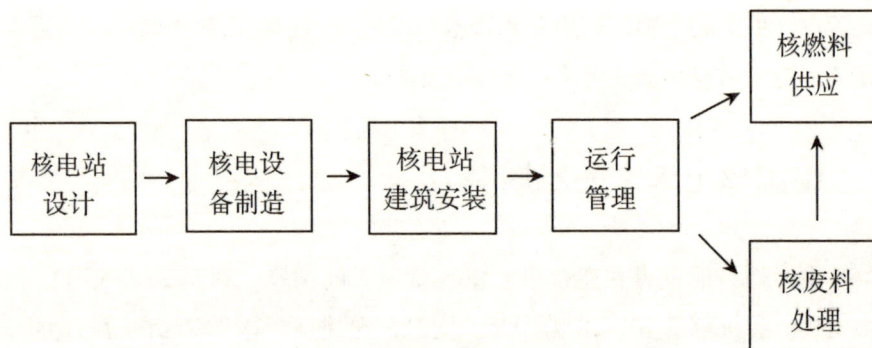

图3-6　核电产业链示意图

资料来源：智信中国低碳投资管理有限公司

1. 核电站设计

设计时间由于基本不涉及上市公司，我们就不详细分析。现阶段中国的核电站设计主要由中核集团下属的中国核动力研究设计院、国家核电技术公司下属的上海核工程研究设计院、清华大学核研院等少数几家国内重量级科研单位垄断。

2. 核电设备制造

在中国大量发展核电站的过程中，最先和最大受益者无疑是国内的设备制造类公司。而核电设备的主要设备分为三类：核岛设备、常规岛设备与辅助设备。目前与核电相关的上市公司主要集中在核电设备行业，另外，核电站的投资还会带来相关配套设备的投资。例如为了配合核电站的运营，一般会在附近新建抽水蓄能电站，与此有关的水电设备公司和水电建筑安装公司将会因此受益。同时核电站的建设亦会对电网等配套设备带来大量订单，一些电网设备供货商亦会由此受益。

根据我们上文的数据，未来 10 年完成 7000 万千瓦以上的装机容量所需核电设备为 5000 亿元，国产化率 80%，那么预示国内核电设备生产商面临 4000 亿元的商机。而事实上，核电站的建设周期在 5 年左右，设备采购周期为 3 年左右，中国在 2013～2015 年将迎来首个核电站竣工高峰期，因此估计核电设备在 2011～2013 年这个时段是需求量的高峰期，几乎肯定其年均市场需求将超越 500 亿元的水平。即使过了此个高峰期后，2020 年以后中国的完成装机量相信继续平稳增长，因此核电设备需求也将在高峰期后保持平稳。对于中国的设备生产商来说，5 年后的出口潜力不可忽视，因为核电设备行业的门槛高，不要说在中国，即使就全球而言，都是为少数公司所垄断。核电工业可以视为一个国家综合实力的体现，中国在上世纪 90 年代中期已经开始出口核电设备，并为巴基斯坦兴建核电站，而高铁和造船的例子已经告诉我们中国的高端装备出口可能很快会令全世界对中国的制造业水平做个彻底的改观。

核电站的关键设备分为三类：核岛设备、常规岛设备与辅助设备。

（1）核岛

其基本功能是产生蒸汽并控制由反应堆内核裂变产出的蒸汽量。核心设备包括反应堆堆内构件、控制棒、压力容器、稳压器、蒸汽发生器、主泵、主管道和阀门。核岛通常占核电设备总值的 50%，核岛的制造能力可以说是相关公司实力的最高体现。

（2）常规岛

常规岛包含汽轮机及汽轮发电机，与燃煤火电站所用的设备相近，通常约占设备总值的 23%。

（3）辅助设备

核电站所有其他设备都归为辅助设备，包括动力系统、冷却系统、通风系统、核吊篮等。国内部分企业就涉及核电站辅助设备，如南风股份（300004.SZ）就涉及核电的通风系统。

3. 核电站建筑安装和运营管理

目前国内有3家经过授权的核电站建造商，它们分别是：中国核工业集团公司、中国广东核电集团以及中国电力投资集团公司。这些开发商是项目发起人，参与从项目筹建、融资到项目建设等流程，通常它们也是核电站的运营商。

可见将来，主要的独立电力生产商都热切希望参与到核电发展中去。在拟议的核电项目承包商中，华能和华电榜上有名。虽然中国对核电项目运营商的资质有严格要求，我们预计更多的独立电力生产商（国家五大电力公司）将参与核电项目投资，不过我们也相信，民营企业要参与其中目前还相当遥远。

4. 核燃料的供应及核废料处理

中国2009年核电装机9000兆瓦，年需天然铀1600吨左右。如果未来中国核电装机为80000兆瓦，则年需天然铀14000吨左右，当前中国已探明铀矿储量约为10万吨。尽管中国铀矿经常成片地被发现，但通常都是中小规模的矿藏，且大多为中低品位矿（0.05%~0.3%）。目前中国核电站使用的大多数铀燃料由中广核铀业发展公司（中广核子公司）、中核集团和南澳铀矿公司（中钢集团的子公司）提供。

解构全球铀资源供应

毫无疑问，核原料的供应是将来核电在全球发展的一个很重大的问题，首先我们看看全球铀资源的分布，请看下表3-6：

表3-6　全球铀资源分布

国家	占全球铀储量百分比
澳大利亚	23%
哈萨克斯坦	15%
俄罗斯	10%
南非	8%
加拿大	8%
美国	8%
巴西	5%
纳米比亚	5%
尼日尔	5%
乌克兰	4%
其他	11%

资料来源：IAEA，智信中国低碳投资管理有限公司

从这个图中可看到，中国实际上是个"贫铀国"，基本在全世界排不上号。从储藏量看，澳洲、哈萨克斯坦、俄罗斯及南非领先，不过质量方面以加拿大为最好。开采方面也是高度集中，当前全球前八名的铀业公司的铀产量占了全球产量的84%～86%；而全球十大铀矿山的产量占了全球铀总产量的62%～68%。

虽然全球铀资源十分丰富，但近10年来，全球每年的铀产量仍然不能满足该年反应堆对铀的需求，铀生产对核电铀需求的保障程度仅仅维持在50%～64%，其中的缺口部分则由所谓的"二次铀供给"补偿。而"二次铀供给"中的最大部分是库存，即先期生产而没有消耗的铀。随着二次铀供给的消耗，全球铀需求仍然需要转回到以初次生产铀供给上来。请看图3-7。

当前至2015年，铀生产对核电铀需求仍然有保证，但2015年以后核电进入加速发展时期，铀生产有可能成为核电发展的障碍之一，届时，全球铀资源将逐渐面临紧张的局面。

单位：万吨

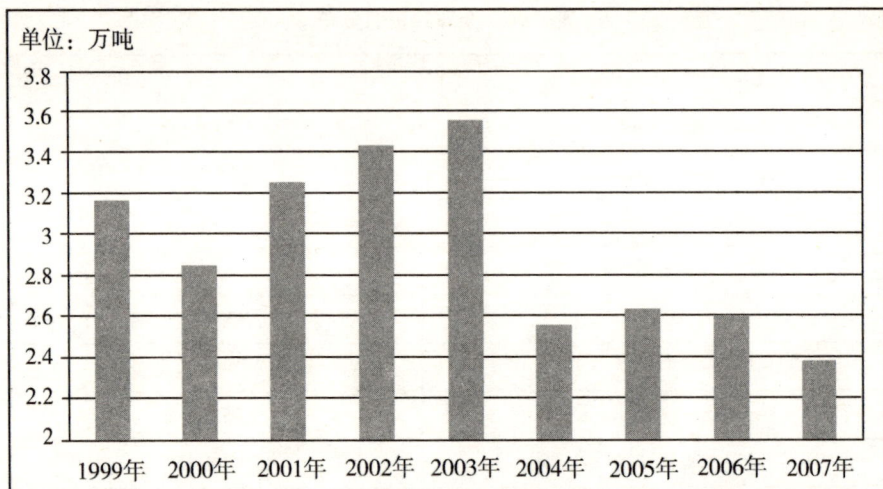

图 3-7　全球铀资源供需缺口

资料来源：Trade Tech，智信中国低碳投资管理有限公司

目前天然铀成本仅占核电运行成本的5%，即使铀价大幅度提高，也不至于令核电站的运营停止。换句话说，由于铀矿本身占核电站的总体成本不高，令铀的价格提升空间大，即使大幅度提价也不至于令买主却步。

当然，铀的供需方面也不是一面倒的坏消息，以下的一些因素令铀的供应忧虑得到缓解。

第一，全球储量庞大，铀矿不同于煤矿，铀元素存在于任何地方，其总量几乎取之不尽。随着铀的价格上升，必然会加大勘探和开采的力度，从而增加供应。中国铀矿勘察程度低，有很大的找矿潜力。

第二，中国加大海外开采的力度。中核国际有限公司（02302）2009年2月在中国香港借壳上市，可能将成为中国勘探和收购海外铀资源的重要平台。而从2006年起，中国的各相关公司也分别与尼日尔、哈萨克斯坦、澳洲、加拿大等国签订铀矿相关的合作协议。

第三，循环使用铀、钚制成的混合氧化物（MOX）燃料，可节省30%~40%的天然铀。

第四，第四代核电技术理论上可以使铀的使用率提高50~60倍。

第五，日本核泄漏事件发生后，国际社会对未来核电发展前景产生忧虑，相关铀矿价格急跌，中国公司收购海外铀矿的成本及难度均有所降低。

目前普遍使用的第二代核电技术对天然铀的利用率都只有1%，造成极大的浪费。发展快堆及先进燃料闭合循环技术（第四代核电技术），可把占天然铀资源中99.3%的铀-238利用起来，在循环中不断地使铀-238产生钚-239，钚-239裂变再使铀-238形成新的钚，把天然铀资源利用率由不到1%提高到50%~60%。不过我们也应该看到，该技术初步商业化需要10年时间，欲实现大规模商业化则需要20年时间，目前我们只可以将此视作理论上存在的可能。

中国现有核燃料循环工业都是从原来的核工业部继承下来的，基本上由中核集团统领，垄断优势突出，预计这种局面还将在较长时间内维持。为了打破这种垄断，政府最近批准了中广核建立铀业公司并参与核废物的管理和处理，但仍在很大程度上依附原有的中核体系。

核能上市公司简介

中国香港上市的核能公司

如前面所述，目下在中国香港上市的相关核电公司数量很少，只是集中在主要设备和铀供应两块，当然我们也不排除相关的开发商和运营商及更多的辅助设备生产商会陆续在中国香港联交所挂牌，而几大电力公司相信也有在核电领域大展拳脚的计划。

1. 核电主设备生产商

首先我们来介绍三家在港上市的核电主设备生产商。

它们分别是东方电气（01072）、上海电气（02727）和哈尔滨动力（01133）。如前所述，核电主设备就是核岛和常规岛，在核岛设备的市场份额中，东方电气占50%，上海电气则是45%，而哈尔滨动力只有5%；常规岛当中属于三家平分天下，但是核岛占据设备总值的50%，而常规岛只是

23%。因此可见三家当中目前以东方电气领先，上海电气紧随其后，不过大有后来居上的势头，哈尔滨动力则是相对影响力较小，请看表3-7：

表3-7　核岛/常规岛设备市场分布图

核岛设备市场份额分布		常规岛设备市场份额分布	
东方电气	50%	东方电气	33%
上海电气	45%	上海电气	33%
哈动力	5%	哈动力	34%

资料来源：智信中国低碳投资管理有限公司

（1）东方电气——核电主要设备市场份额最大

东方电气是国内三大电力设备制造商之一，其业务涉及热电、风电、水电及核电市场。公司于1994年和1995年先后在中国香港联交所和上海证券交易所上市。

比起上海电气和哈尔滨动力，东方电气在核电领域算是先行者，公司目前已经在核岛设备和常规岛设备供应上取得领先地位。东方电气与中国广东核电集团合作，在基于CPR、CNP和EPR技术的设备供应方面已有很长历史。公司是全球唯一同时承担CPR1000、ERP和AP1000核岛和常规岛设备的制造企业，龙头地位确立，未来有望获得更多份额。

在核电相关收入方面，虽然东方电气在2009年的年报中显示这块只约占6.5%，但是同比增长却有117%，2010年上半年的核电占总销售收入的9%，同比增长171%。踏入2010年第三季度，核电占总收入的10%，同比增长308%，高盛更加预期公司在2011年核电将占总营业收入的23%，因为目前公司有400亿的核电订单在手。可见核电设备虽只占很小部分，但是增长率却惊人，将很快成为公司的核心业务之一，而公司在另外一个新能源——风电设备中也有相当不俗的增长和市场占有率。

（2）上海电气——第三代核电设备领先者

上海电气的核电设备技术处于国内领先地位，产品覆盖所有核电项目，有望突破核电进口零部件瓶颈并实现100%的国产化，公司目前已经掌握了AP1000和EPR两种第三代核电技术核岛和常规岛的制造能力，并获得了国内第一座高温气冷堆示范核电站的主设备订货合同。

在中国已批准或在建的23个项目中，我们发现有30%的设备需求是基于AP1000技术（AP1000为美国Westinghouse开发的先进的非能动压水堆，而中国是第一个采用这一技术的国家，国产化后的技术即为CAP1400）。上海电气具有强大的竞争优势赢得AP1000订单，因为公司在AP1000设备技术的开发和生产能力上都具有成功经验。尤其是日本发生核泄漏以后，以AP1000为代表的安全性更高核电技术将成为中国核电发展的主方向，上海电气技术优势明显。

另一方面，上海电气2010年凭借其3.6兆瓦风机赢得了200兆瓦的海上风电场项目，我们认为这标志着上海电气在大容量风机技术上的领先优势，预计公司在大容量风机市场上将获得25%左右的份额。在2010年上半年，新能源业务占公司总收入比例已经达到11.50%，未来有望成为公司的主要赢利来源。

由于在第三代核电中技术较为领先，我们认为其核电设备制造前景优于东方电气，其AH股股价相比更显优势，三家的股价比较，我们更看好上海电气H股。

（3）哈尔滨动力——估值较为落后

哈尔滨动力是中国三大国有发电设备制造商之一，主要业务包括火电、水电、风电和核电设备制造。虽然公司进入核电市场的时间较晚，但仍受益于核电设备需求的快速增长。

哈尔滨动力2010年上半年的新增订单达到了人民币154.3亿元，同比增长17%，核电业务的新增订单贡献了约人民币62亿元（40%），相当于2009全年新增核电业务订单。

哈尔滨动力正在秦皇岛扩建其核电设备生产基地，计划将年产能提高到4套核岛设备和6套常规岛设备。一旦投产，哈尔滨动力预计核电设备订单将显著增加，特别是AP1000设备。凭借在汽轮机和发电机领域的优势，哈尔滨动力希望能获得AP1000核岛设备40%的市场份额和常规岛设备50%的市场份额。

虽然未来三年哈尔滨动力可能难以赶超上海电气和东方电气，但我们认为公司赢利的转好，应能推动股价的重估。

以上三大设备生产商在日本核泄漏事件后股价出现大幅度调整，几乎将过去一年的升幅全部抹掉，投资者必须要注意的是：灾难性事件往往造就低吸的机会。另一方面，三大电力设备公司核电订单假设真的受到很大的影响（如政府的核电发展战略出人意料地发生逆转），但是其他发电设备的订单必然也会因此增加（如风电、水电及火电设备订单）。在此消彼长的情况下，公司的核电业务风险性因素早已经被2011年3月份股价暴跌过分地反映了。

2. 核燃料供货商

中核国际——港股中最纯核电企业

中国是个"贫铀国"，从2006年开始，中国政府已经开始鼓励企业在海外收购铀矿及进行相关的国际贸易，而中核国际可以说是配合这种战略目标产生的一个平台。目前公司是在中国香港上市的唯一中国纯核电企业，主要从事铀的开采、生产及销售。该公司已收购了一个蒙古的铀矿（Saddle Hills）及另一个位于尼日尔的铀矿（Azelik）。

中核国际的母公司中核集团现拥有4700兆瓦核电容量，另有额外8100兆瓦容量将于2011至2014年间开始运营，是中国最大的核电开发商和运营商。根据投资银行估计，这些新的核反应堆全面运营将每年需要约3000吨铀（U_3O_8），公司目前从Saddle Hills和Azelik铀矿获得的有效产量只有1111吨。从这个数字可以看出，其所承担的海外铀矿收购和进行相关贸易的任务是很沉重的，同时也预示公司的未来前景将非常远大。

建银国际估计公司的铀的销售量将从2010年的82吨大幅增加至2012年的1500吨。在2013年所有铀矿全面运营后，铀产量将达到1905吨。公司管理层预计中核国际的母公司中核集团将把其旗下铀矿场注入中核国际，将铀矿开采业务统一至此上市公司。从这个未来发展的前景看，我们非常看好公司股价日后的表现。

但是该公司也面临着一些风险，包括：

（1）收购将遇到外交和政治阻力，不过这也是其他非国有企业进入的门槛。换句话说，如果以其背景都不能做到，其余公司基本上就不用指望能在铀资源供应方面有所作为，公司的海外业务更多依赖于中国本身的外交实力。但自从日本发生核泄漏事故后，全球铀矿相关股票急跌，奇货可居的现象开始舒缓，反而有利于这类型公司的海外收购，而这从最近中广核的海外收购出现的重新定价现象也可以看出端倪，这对于中核国际这类公司来说，这个也算得上是因祸得福。

（2）第四代核电技术会使核燃料的利用率大幅提高。不过如前所述，该技术全面商用需要 15～20 年的时间，届时全球核电的总需求量是现在无法估计的。

国内 A 股上市的核能公司

前文简要介绍了在中国香港上市的国内核电相关企业，其中东方电气和上海电气同时在中国香港和国内 A 股上市。除了这两个公司以外，在国内上市的中国一重、中核科技、江苏神通和南丰科技亦需重点关注。

中国第一重型机械股份有限公司（China First Heavy Industries）

法人代表：吴生富

上市代码：601106. SH

公司主页：www. cfhi. com

行业：核能设备、铸锻件等重型机械设备制造

低碳业务亮点

中国第一重型机械股份有限公司（以下简称"中国一重"）是目前中央管理的国有重要骨干企业之一，主要从事重型机械制造业务，为冶金、电力、能源、交通运输、矿山、石化等行业及国防建设提供重大成套技术装备、高新产品和技术服务。主要产品包括冶金设备、核能设备、重型压力容器、大型铸锻件、锻压设备、矿山设备等六大类产品。2008 年 12 月，一重集团联合中国华融资产管理公司、宝钢集团有限公司、中国长城资产

管理公司共同发起设立本公司，并于 2010 年 2 月 9 日成功实现了整体上市。

中国一重的核能设备制造能力在全国居首位。2010 年中国一重的核反应堆容器的国内市场占有率达 80% 以上，全年实现核电产品订货 20 多亿元，完成以福清、方家山反应堆压力容器为代表的 10 台核电设备主体锻件、以拥有自主知识产权的红沿河百万千瓦核反应堆压力容器为代表的 4 台成套核电设备等等。

中国一重拥有国内首台完全自主化的百万千瓦及核反应堆压力容器，世界首台筒节成型机在中国一重研制成功并投入生产。2010 年，公司实现营业收入 85.91 亿元，净利润 8 亿元，其中核能设备营业收入为 14.14 亿元，同比增长 55%，占公司总营业收入的 16.46%，核能设备业务占公司主营业务的 16.46%，目前 90% 以上的国产核电锻件、80% 以上的国产核反应堆压力容器均出自中国一重。

2011 年中国"十二五"规划出台，受 2011 年初日本地震导致的核泄漏影响，全球对于核电发展政策出现了较大变动。中国一重作为国内核电设备制造的龙头企业，签订原有的核能设备订单，虽然可以保障公司在未来三年核电板块业绩不受日本核电事件的影响，但核电行业的中长期发展还有待国家新政策的进一步明确，核电项目的批准及标准将会更加严格。

投资要点

优势：

（1）核反应堆容器的国内市场占有率达 80% 以上，垄断优势明显。

（2）在 AP1000 零部件方面领先国内同行。

（3）冶金设备及重型石化容器业务望高速增长。

风险：

（1）日本核泄漏后续影响。

（2）上游重型设备生产商，易受宏观政策影响。

中核苏阀科技实业股份有限公司（SUFA Technology Industry Co., Ltd., CNNC.）

法人代表：邱建刚

上市代码：000777.SZ

公司主页：www.chinasufa.com

行业：核级阀门制造

低碳业务亮点

中核苏阀科技实业股份有限公司（以下简称"中核科技"）是国内具有相当规模的生存工业用阀门专业生产企业，主要面向石油、化工、冶金、电力行业和核能建设项目的阀门市场需求。公司生产的阀门具有耐高温高压、耐腐蚀特点，产品种类多样，是国内最大的特种阀门开发与生产制造基地及阀门出口企业。公司是中核集团旗下唯一一家上市公司。公司具有国家核安全局颁发的压水堆核电阀门设计、制造许可证，具备设计、制造百万千瓦级核电阀门的能力。

中核科技是国内阀门生产的龙头企业，业务主要是生产经营工业用及水处理各类阀门，如闸阀、平板闸阀、截止阀、真空阀以及其他各种特殊要求的阀门，品种规格达12000个，30多种不同材质。

公司具备设计、制造百万千瓦级核电阀门的能力，获得了国家核安全局颁发的压水堆核电阀门设计、制造许可证。受益于核电行业的高速发展，公司业务中的核电阀门成为近年公司利润的新增长点。2010年公司营业收入达5.94亿元，同比增长4.35%。其中核电阀门收入达10487.2万元，同比增长105.16%，占比从8.98%提高到17.65%。核电阀门收入占公司总收入结构的60.51%。而随着核化工阀门收入占比有所下降，从8.43%下降为4.32%。

2010年底，公司已经在核电阀门和核化工阀门项目分别投入23120万元和5130万元，在高端核级阀门锻件生产基地项目上投入6070万元。2011年起，我国核电行业将进入设备需求的高速增长期，核阀门的需求量将随之快速增长。而随着核阀国产化率的不断提高，中核科技作为国内具备核I级阀门生产能力的少数企业之一，将进一步扩充核级阀门产品生产设施和能力。

投资要点

优势：

（1）核电阀门龙头企业，该项业务规模有望继续扩大。

（2）中核集团旗下唯一一家上市公司，获取订单能力强。

（3）水道阀门业务受益"十二五"期间水电建设高潮。

风险：

（1）日本核泄漏后续影响。

（2）非公高开发行项目或未达预期。

江苏神通阀门股份有限公司（Jiangsu Shentong Valve Co.，Ltd.）

法人代表：吴建新

上市代码：002438.SZ

公司主页：www.stfm.cn/cn

行业：冶金特种阀门和核电阀门的研发、生产和销售

低碳业务亮点

江苏神通阀门股份有限公司（以下简称"江苏神通"）前身为神通有限公司，是目前国内重要的冶金特种阀门和核电阀门生产基地之一，国家火炬计划重点高新技术企业，江苏省高新技术企业和技术密集、知识密集型企业。公司的冶金特种阀门、核电阀门畅销全国 26 个省、自治区、直辖市，并通过中国中原对外工程公司、中钢设备总公司等合作单位销售到土耳其、印度、巴基斯坦等国家和地区，2004 年以来连续进入中国阀门 20 强企业，确立了在阀门行业中的竞争优势。2010 年 6 月 23 日，在深圳证券交易所正式挂牌上市，为公司持续快速发展创造了良好的条件，对提高公司规范运作水平、提升公司形象、提高品牌影响力和核心竞争能力等方面都起到了积极促进作用，公司的行业地位进一步巩固，综合实力全面

提升。

公司在核电蝶阀、球阀产品领域优势地位突出，在 2006 年成为岭澳核电二期工程的核级蝶阀、球阀设备国内唯一供货商；在 2006 至 2007 年度成为秦山二期扩建工程的核级蝶阀、球阀设备国内唯一供货商；在 2008 年和 2009 年我国核电工程用阀门的一系列国际招标中，江苏神通为核级蝶阀和核级球阀唯一中标企业，获得了这些核电工程已招标核岛蝶阀、核岛球阀的全部订单，实现了核级蝶阀和核级球阀产品的全面国产化，成为我国核电阀门自主化的重要生产企业。

江苏神通主要从事冶金特种阀门和核电阀门的研发、生产和销售，主要产品为应用于冶金领域的高炉煤气全干法除尘系统、转炉煤气除尘与回收系统、焦炉烟气除尘系统、煤气管网系统的特种阀门以及应用于核电站的核级蝶阀、核级球阀、非核级蝶阀、非核级球阀等。公司具备全国范围内的直销能力，产品销售大多以投标方式进行，在中标后与招标单位签订供货合同。公司市场营销部负责冶金阀门产品销售和市场开拓工作，核电事业部负责核电阀门销售和市场开拓。

公司目前产品集中在冶金和核电细分子领域，在冶金干法除尘和核级蝶阀、球阀等高端领域处于绝对垄断地位。近年来，由于核电等高端产品放量和产业链的垂直延伸，核电交付进入高峰期。根据中国目前的能源需求，核电建设规模预计不会发生变化，不过受日本核危机影响，核电行业标准将可能更加严格。公司涉及核电行业的业务主要是核电阀门产品，核电阀门是核电站重要的水路控制部件，普遍用于核岛、常规岛各个回路和辅助电厂中。而由于运行造成的老化和损耗，阀门又是核电站的耗材，需要进行定期更换，而核电行业门槛高，因此，公司在核电阀门的垄断地位更加凸显。

2010 年公司营业收入 3 亿元，同比增长 5.35%；净利润为 4410 万元，同比增长 7.54%。其中公司核电行业收入达 1 亿元，同比增加 33.91%，核电阀门业务大幅增加。随着我国低碳经济的发展，对节能、低排放的能源需求逐渐加强，对核电行业是个极好的发展机会，核电阀门的巨大需求将给公司带来广阔的市场前景。而核电的安全成为发展的第一要求，公司须及时转变观念，抓住行业新的发展形势乘势而上，不断提升自身的技术实力，实现"核级蝶阀、球阀的全球优秀供应商，核电阀门的国内主要供应商，核电配套设备的国内重要供应商"的目标。

投资要点

优势：

（1）产品集中在核电阀门的细分子领域，在核电蝶阀、球阀产品领域优势地位突出。

（2）石化阀门发展潜力巨大。

（3）冶金阀门业务有望持续复苏。

风险：

（1）日本核泄漏后续影响。

（2）新业务赢利尚需时日。

南方风机股份有限公司（Nanfeng Ventilator Co.，Ltd.）

法人代表：杨泽文

公司代码：300004. SZ

公司主页：www. ntfan. com

行业：通风与空气处理系统设计与产品研发、生产

低碳业务亮点

南方风机股份有限公司（以下简称"南方风机"）是由佛山市南海南方风机实业有限公司整体变更设立的股份有限公司，注册资本为9400万元。南方风机系华南地区规模最大的专业从事通风与空气处理系统设计和产品开发、制造与销售的企业，业务主要面向核电、地铁、隧道、风电叶片和大型工业民用建筑五大领域。公司产品包括风机、风阀、防火阀、空气净化设备（包括空气过滤器、除尘器、碘吸附器等）、空调处理末端设备（包括风机盘管、风口、电加热器、表冷器等）、风力发电叶片、其他

辅助设备（包括烘干设备、送排风管道、电控箱、集流装置、消声装置、软连接装置等）。

公司主营业务为通风与空气处理系统的设计与产品研发、生产。产品主要面向核电、地铁、隧道、风力发电和大型工业民用建筑五大应用领域，是华南地区规模最大的专业从事该领域的制造企业。公司还是国内唯一掌握百万千瓦级压水堆核电站核岛 HVAC 关键设备的成套技术并拥有核电站核岛 HCAC 系统设备总承包经验的生产企业，具有自主知识产权和先进技术水平。

公司凭借着通风与空气系统研发技术优势，在地铁和公路隧道领域也占有有利地位。地铁领域，公司开发出大流量、高压力、高效率低噪音的地铁通风和空气处理系统产品。通过叶片和产品结构的优化设计，安全系数提高，运行和维护成本降低，比普通产品节能 8%～10%。在公路隧道领域，公司开发出占用空间小、流阻小、效率高、平衡等级高的系列产品，率先开发出公路隧道用大型动叶可调机翼型风机，比普通产品节电 10%。

2010 年，公司营业总收入 3.4 亿元，同比增长 18.29%，净利润 6220 万元，同比增长 28.49%，其中核电业务收入 1.57 亿元，占比达到 46%。虽然受日本核危机的影响，核电安全问题成为争论焦点，许多国家的核电发展计划发生大幅改变，全球的核电进程受到影响，但就南风股份自身而言，当前公司核电产品订单饱满，市场需求稳定。公司作为核电重要设备的主要供应商，发展空间良好。

公司未来仍将立足于通风与空气处理设备行业，充分利用已有竞争优势保障业务持续快速增长。核电领域，公司将加大核电新产品、新技术的研发力度，保持在核电领域领先的技术优势和较高的市场占有率。地铁和公路隧道领域，通过产品升级换代，进一步提高公司产品的技术领先优势；风电叶片领域，进一步开发出 3.0 兆瓦以上叶片，保证产品在装机容量、能源转换效率和寿命等关键指标方面达到国内领先水平；高速铁路客运专线隧道和内燃机车铁路隧道等新业务领域，通过提升公司对高端产品的研发和检测能力，研发出针对新业务领域的技术领先的新一代产品，填补国内空白，形成公司业务新的利润增长点。

投资要点

优势：

（1）核电站核岛 HVAC 关键设备在国内占有绝对统治地位，2010 年市场占有率超 70%。

（2）地铁及公路隧道通风领域 2010 年市场占有率居市场前三。

（3）核电业务毛利润率高。

风险：

日本核泄漏后续影响，核电业务赢利或受影响。

第四节　水能

　　水是万物之源，在孕育生命的同时，水中同样蕴含着巨大的能量。早在 2000 多年前，在埃及、中国和印度已出现水车、水磨和水碓等设施以利用水能进行农业生产。而水能的真正的规模运用，出现于工业革命阶段，18 世纪 30 年代开始有新型水力站出现，随着工业发展，18 世纪末这种水力站发展成为大型工业的动力，用于面粉厂、棉纺厂和矿石开采。但从水力站发展到水电站，是在 19 世纪末远距离输电技术发明后才蓬勃兴起。1882 年首先记载应用水力发电的地方是美国威斯康星州。到如今，水力发电的规模从第三世界乡间所用几十瓦的微小型到大城市供电用几百万瓦的都有。

　　目前来看，水力发电还是人类利用水能的最主要的方式。水力发电的主要原理是水的落差在重力作用下形成动能，从河流或水库等高位水源处向低位处引水，利用水的压力或者流速冲击水轮机，使之旋转，从而将水能转化为机械能，然后再由水轮机带动发电机旋转，切割磁力线产生交流电。

　　水能来源于太阳能所形成的水循环，因而其与太阳能一样是可再生的。同时，在利用水能发电的过程中，将水的势能转化为动能并不涉及碳的排放及其他污染，水能发电也是低碳的、无污染的。正是由于水能资源是可再生、无污染的，加上水利发电的技术极为成熟，成本低廉，大规模地发展利用水能发电，无论从技术可行性上还是从经济上考虑，均是目前最为实用的可再生能源。

　　具体而言，水利发电具有以下特点：

1. 能源的再生性

由于水流按照一定的水文周期不断循环，从不间断，因此水力资源是一种再生能源。所以水力发电的能源供应只有丰水年份和枯水年份的差别，而不会出现能源枯竭问题。但当遇到特别的枯水年份，水电站的正常供电可能会因能源供应不足而遭到破坏，出电大为降低。

2. 发电成本低

水力发电只是利用水流所携带的能量，无须再消耗其他动力资源，而且上一级电站使用过的水流仍可为下一级电站利用。另外，由于水电站的设备比较简单，其检修、维护费用也较同容量的火电厂低得多。如计及燃料消耗在内，火电厂的年运行费用约为同容量水电站的 10 ~ 15 倍。因此水力发电的成本较低，可以提供廉价的电能。

3. 高效而灵活

水力发电主要动力设备的水轮发电机组，不仅效率较高，而且启动、操作灵活。它可以在几分钟内从静止状态迅速启动投入运行，在几秒钟内完成增减负荷的任务，适应电力负荷变化的需要，而且不会造成能源损失。因此，利用水电承担电力系统的调峰、调频、负荷备用和事故备用等任务，可以提高整个系统的经济效益。

4. 工程效益的综合性

由于筑坝拦水形成了水面辽阔的人工湖泊，控制了水流，因此兴建水电站一般都兼有防洪、灌溉、航运、给水以及旅游等多种效益。另一方面，建设水电站后，也可能出现泥沙淤积，淹没良田、森林和古迹等文化设施，库区附近可能造成疾病传染，建设大坝还可能影响鱼类的生活和繁衍，库区周围地下水位大大提高会对其边缘的果树、作物生长产生不良影响。大型水电站建设还可能影响流域的气候，导致干旱或洪水。特别是大型水库有诱发地震的可能。因此在地震活动地区兴建大型水电站必须对坝体、坝肩及两岸岩石的抗震能力进行研究和模拟试验，予以充分论证。这些都是水电开发所要研究的问题。

5. 一次性投资大

兴建水电站土石方和混凝土工程巨大，而且会造成相当大的淹没损失，须支付巨额移民安置费用；工期也较火电厂建设为长，影响建设资金周转。即使由各受益部门分摊水利工程的部分投资，水电的单位千瓦投资也比火电高出很多。但在以后运行中，年运行费的节省逐年抵偿。最大允许抵偿年限与国家的发展水平和能源政策有关。抵偿年限小于允许值则认为增加水电站的装机容量是合理的。

正是由于水力发电具有可再生、环保及成本低等特点，水电的发展正日益为世界各国所重视。鉴于具有中国概念的水电类上市公司主要集中在国内的 A 股，这些上市业务亦主要集中于中国地区，因而本书将重点论述中国水电产业的发展及投资机会。

中国水电市场

中国水利资源丰富，据 2003 年的《中华人民共和国水利资源复查结果》显示，中国水利资源经济可开发装机容量为 401800 兆瓦，年发电量为 17534 亿千瓦时，为世界最高。从空间分布上看，水利资源集中分布在西南地区，占比达 68%；长江流域在中国流域中水利资源最为丰富，占比超 40%（见表 3 - 8）。截至 2010 年底，中国水电装机容量达 213400 兆瓦，占发电总装机容量的 21.86%，即使不考虑实际发电时间，其占比也远高于其他可再生能源（风能 4.58%，太阳能 0.07%）。2010 年中国水电开发程度（按经济可开发装机容量计算）达 53.11%，正在迅速接近发达国家平均 60% 的水平。

表 3-8　中国水力资源分布状况

地区	占比
西南	68%
东北	2%
华东	4%
西北	10%
东南	15%
华北	1%

资料来源：智信中国低碳投资管理有限公司

在哥本哈根气候大会上，中国承诺到 2020 年可再生能源在能源结构中的比例争取达到 15% 这一目标，为了实现这一目标，中国必将大力发展目前技术最成熟、成本最低廉的水电。市场普遍预期到 2020 年中国水电装机容量将达到 38 亿瓦左右（其中常规水电约 33 亿瓦，抽水蓄能保守估计 5 亿瓦），接近中国水利资源经济可开发装机容量。据我们估算，届时水电仍占据可再生能源的最大份额。但由于 2020 年水电装机容量已接近经济可开发总量，2020 年后中国水电建设将大幅减少。而 2011~2020 年这 10 年中，中国将新增约 17 亿瓦左右水电装机容量，几乎达到了中国过去百年水电装机容量的 80%。这 10 年，可谓是中国水电发展的"黄金 10 年"。

水电站抽水蓄能

随着风能、太阳能等间歇性新能源的大规模发展，如何保持供电的持续稳定，已成为必须考虑的问题。水电站的抽水蓄能是解决这一问题的较佳方案。水电站抽水蓄能是指在电力充足时利用多余的电量将水从低位抽到水库，增加储水的电能；在电力紧张时，将水库中的水发电，补充电网的电力需求。抽水蓄能与传统水电站相比，最大的区别在于水轮机上加装水泵和驱动电机可以正反工作。当水轮机正向旋转时作为水轮机使用，反向旋转时作为水泵使用进行抽水。这是抽水蓄能电站的技术含量最高的动力设备。

具体来说水电站抽水蓄能具有以下特点：

第一，抽水蓄能主要的技术难度在于设计和设备制造。目前的设计方案主要依赖于国外方案，国内通过技术引进吸收了一部分设计，但目前没有独立的生产记录。为满足水泵和水轮机两种运行工况的要求，水泵水轮机比相同水头和容量的水轮机尺寸大，对设备的技术难度要求增加。

第二，抽水蓄能是一种重要的调峰电源。根据能量守恒定律，抽水蓄水的耗电量肯定是小于其消耗的电量（一般效率为 70% ~ 80%），但是它提高了电网的整体经济性和电能质量，降低了事故的概率。

第三，从储能方式角度来看，抽水蓄能电站为容量最大、最为现实的储能方式，但是建设复杂度较大，周期较长，一般需要 4 ~ 5 年时间。

在未来 10 年中中国抽水蓄能电站同样将迅速发展。截至 2009 年中国建成的和在建的抽水蓄能电站约为 3 亿瓦，而有关水电"十二五"规划初步确定，2020 年抽水蓄能将达到 5 亿瓦到 8 亿瓦。以上数据是偏保守的估计，我们认为随着中国用电需求的增加，特别是新能源发电规模的迅速扩大，未来抽水蓄能电站发展前景极为广阔。尤其是从潜力来看，中国 23 个省市区初步查明优良抽水蓄能电站站址有 250 余处，总装机容量可达 31 亿瓦，未来抽水蓄能电站发展潜力极大。

水电产业链

水电的产业链相对简单，可简要分为具有投资机会的水电设备生产商、工程建设商和水电站运营三部分。

水电设备生产商，主要是指水电发电机组生产企业，目前中国水电设备市场主要可分为两个梯队（见表 3 - 9），第一梯队是东方电气、哈动力，2009 年两者占据了超过 50% 的市场份额，这两家公司在核能部分已经有所介绍。而阿尔斯通、福伊特西门子、东芝水电及浙富股份为第二梯队，其中前三者皆是国外厂商，而浙富股份（002266. SZ）是国内上市公司，鉴于其业务相对集中于水电部分，投资机会较大。

水电工程建设商，主要是指水电站工程的建筑承包商。上市公司中葛洲坝（600068.SH）是国内最大的水电项目承包商之一，公司承建了包括长江三峡水利枢纽、长江葛洲坝水利枢纽在内的国内重点水电工程，技术积累雄厚。

水电站运营商，主要负责已建好水电站的运营。在国内上市的水电运营商众多，其中以长江电力（600900.SH）水电站规模最大，公司拥有葛洲坝电站及三峡工程已投产的全部发电机组，是国内水电业当之无愧的龙头。

表 3－9　2009 年水电设备市场份额

公司名称	所占份额
浙富股份	9%
东芝水电	9%
伏伊特西门子	10%
阿尔斯通	17%
哈动力	20%
东方电气	32%

资料来源：智信中国低碳投资管理有限公司

水电投资要点

正是由于 2011～2020 年的中国水电投资规模巨大，因而在整个水电产业中存在一定的投资机会。对于水电产业链的三个环节中的投资机会，投资者需要考虑以下三点。

首先，在水电产业链中设备生产商是最为受益水电装机容量迅速扩大的，主要是由于水电设备生产商对资本投入需求相对更低，且资金周转时间相对较短，有利于其水电业务规模的迅速扩大，业绩增长潜力最大。鉴于中国水电建设规划性强，市场对于未来 10 年中国对水电设备的总投资规模预期相对稳定，在市场需求相对固定的市况下，市场占有率高、技术先进的相关水电设备生产企业投资机会更大。

其次，水电运营商的投资机会相对居中，主要是由于随着未来 10 年水电装机容量的迅速扩大，水电运营商运营的水电规模亦将迅速扩大。但一方面由于目前上市的水电运营商已装机规模基数较大，其水电发电规模难以爆发行性增长；另一方面，由于水电运营商收入主要靠国家对电力的收购，而水电的上网电价固定，导致水电运营商收入亦难有爆发性增长。整体看，水电运营的上市公司，属于偏重于防守的低风险股票。

最后，水电工程承包商的投资机会最小。主要是由于中国的水电工程承包商均是大型基建类上市公司。这些公司普遍具有总市值巨大、毛利率相对较低、运营成本较高等特点，决定了大型水电工程承包商业绩和水电运营商一样难以有爆发性增长。同时虽然中国的基建类上市公司多数具有央企背景，订单相对稳定，但较之于水电站运营企业而言，水电工程承包商所面临的市场风险偏大，因而其投资机会最低。

水电上市公司简介

浙江富春江水电设备股份有限公司（Zhejiang Fuchunjiang Hydropower Equipment Co. Ltd.）

法人代表：孙毅

上市代码：002266. SZ

公司主页：www. zhefu. cn

行业：电器机械及器材制造业

低碳业务亮点

浙江富春江水电设备股份有限公司（以下简称"浙富股份"）创立于 2004 年，系原水利电力部下属富春江水电设备总厂（创建于 1970 年）的改制企业，2007 年 8 月变更为浙江富春江水电设备股份有限公司。2008 年 8 月，公司在中国成功上市。公司是目前中国最大的高科技民营大中型水电设备专业制造商，具有完善的全面质量管理体系，公司投入巨资引进了"高、精、尖"顶级数控加工设备100多台套。随着三阶段高新技术生产线的竣工投产，具备了生产规模更大、动力更强、等级更高的水轮发电机组以及其他水电设备部件，产能大幅提升，积累了向中国乃至全球客户提供150多台套大中型机组的经营业绩和丰富经验。

2006年公司开始了国际化经营的探索，在国际市场开拓推广自主品牌，成为中国民族企业国际化进程中的领头羊。目前，浙富股份已形成以灯泡贯流机组、轴流转桨机组、混流机组等多种类型在内的高端技术产品。其技术性能指标均达到国际一流水准，在国内处于领先地位，是中国最具竞争力的大中型水电设备制造企业。2006年被认定为中国工业行业排头兵企业、浙江省高新技术企业。

浙富股份一直致力于成套大中型水轮发电机组的研发、设计、制造和服务，作为水电设备制造业的领军企业之一，在2010年发展态势良好，在各方面均取得了较大的突破。2010年各项主要经济指标基本实现了8%以上的增长，实现了预期的目标，2010年海内外市场共获订单近16亿元，待执行订单达19亿元。2010全年共实现营业收入92389.82万元，同比增长11.04%。全年实现利润总额16109.06万元，同比增长12.79%，实现净利润13859.53万元，同比增长8.90%。

投资要点

优势：

（1）国内主要水电设备生产商，最纯的水电上市公司。

（2）水电机组产能扩张迅速。

（3）核电相关设备、抽水蓄能设备极具潜力。

风险：

市场占有率仍偏低。

中国葛洲坝集团股份有限公司（China Gezhouba Group Company Limited）

法人代表：杨继学

上市代码：600068. SH

公司主页：www. cggc. cn

行业：堤坝、电站、码头建筑业

低碳业务亮点

中国葛洲坝集团股份有限公司（以下简称"葛洲坝"）是由国务院国资委直接管理的中国葛洲坝集团公司控股的上市公司，是实行国家计划单列的国家首批56家大型试点企业集团之一，享有省级对外工程承包权和进出口贸易权，拥有国家特批的企业财务公司，是国家创新型试点企业。

葛洲坝在实现资产总额和市场份额快速扩张的基础上，营业收入和利润总额保持了年均30%以上的复合增长，在"2009年中国最具竞争力上市公司20强"排名第七。其股票"葛洲坝600068"先后入选沪深300指数样本股、上市公司治理指数样本股、上市央企50指数样本股、中证中央企业综合指数样本股、中证中央企业100指数样本股和上证180指数样本股。

葛洲坝的三大主业是：建筑工程及相关工程技术研究勘察设计及服务、水电投资建设与经营、房地产开发经营。围绕三大主业，集团股份公司形成建筑施工、高速公路运营、水泥生产、民用爆破、房地产、金融、水电、煤炭等八大板块紧密相连、协调发展的产业链。

葛洲坝拥有包括水利水电工程施工总承包特级在内的各类高等级资质70余个，在职员工3.8万余名，各类专业技术人员1.3万余名，各类施工设备4万余台（套）。具有年土石方挖填1.5亿立方米、混凝土浇筑1500万立方米、金属结构制造安装16万吨、装机总容量900万千瓦、工业炸药生产17.5万吨、水泥生产2000万吨等综合能力。

葛洲坝的低碳业务主要集中在水利水电建设工程的总承包、勘测设计以及相关工程技术研究勘察设计及服务，在稳固传统优势业务——水利水电建设（2010年投资已建或在建水电站10个）的同时，还向风电场、核电站建设等方向积极扩张。2010年工程施工业务的营业收入达279.5亿元，占葛洲坝主营收入的76.4%。

独家承建葛洲坝工程，并且完成标志当今世界建筑施工最高水平的工程——三峡工程建设65%以上的工作量，攻克了三峡大江截流，导流明渠开挖，一、二、三期坝体浇筑，双线五级船闸巨型人字门制作安装，70万千瓦机组安装，世界最大升船机施工等一系列世界级施工技术难题。与此同时，葛洲坝在世界最高面板堆石坝——水布垭大坝、世界最高双曲拱坝——锦屏一级大坝、世界最高碾压混凝土大坝——龙滩大坝等一系列世界顶尖级工程中彰显了无与伦比的实力。在铁路、公路、核电、机场、港口、风电等建设领域同样发挥着"国家代表队"的领军作用，取得令人瞩目的业绩。

葛洲坝还在全国范围内控股投资运营了4个水电站，2010年水力发电的营业收入达1.7亿元，占主营业务收入的0.47%。

投资要点

优势：

（1）国内最大水电建设承包寡头之一，规模优势明显。

（2）水利施工业务有望维持高增长。

（3）国资委认可的16家可以发展地产的央企之一，房地产业务有望受益国家政策。

（4）海外业务及新疆探矿权有望成为未来新增长点。

风险：

（1）并非纯水电业务上市公司。

（2）中东等地的海外业务存在一定风险。

中国长江电力股份有限公司（China Yangtze Power Co., Ltd.）

法人代表：曹广晶

上市代码：600900.SH

公司主页：www.cypc.com.cn

行业：电力生产业

低碳业务亮点

中国长江电力股份有限公司（以下简称"长江电力"）是在三峡总公司下属的原葛洲坝水力发电厂的基础上改制设立。原葛洲坝水力发电厂隶属于电力工业部，由华中电管局代管。1996 年 6 月 1 日，原葛洲坝水力发电厂划归三峡总公司管理。经国家经贸委批准，公司由三峡总公司作为主发起人，联合华能国际电力股份有限公司、中国核工业集团公司、中国石油天然气集团公司、中国葛洲坝水利水电工程集团有限公司和长江水利委员会长江勘测规划设计研究院等五家发起人以发起方式设立，设立日期为 2002 年 9 月 29 日，总股本变为 16500000000 股。

公司是目前我国最大的水电上市公司，主营业务为水力发电，经营业务单一。截至报告期末，公司拥有葛洲坝电站及三峡工程已投产的全部发电机组，机组装机容量为 2107.7 万千瓦。公司还持有广州发展实业控股集团股份有限公司（以下简称"广州控股"）11.189% 的股份，广州控股装机容量约 229.86 万千瓦；持有上海电力股份有限公司（以下简称"上海电力"）8.77% 的股份，上海电力装机容量约 600.77 万千瓦；持有湖北能源集团股份有限公司（以下简称"湖北能源"）41.69% 的股份，湖北能源装机容量约 452.77 万千瓦。

2010 年，公司三峡—葛洲坝梯级电站完成发电量 1006.10 亿千瓦时，实现营业收入 218.80 亿元，营业利润 87.83 亿元，净利润 82.26 亿元。

2011 年 1 月 21 日，公司全资子公司中国长电国际（中国香港）有限公司与中国电力新能源发展有限公司签订了股权购买协议。公司拟通过长电国际以 0.75 港元/股的价格，投资 21 亿港元购买中电新能源在中国香港配售的股份，投资后将持有其 26.2% 的股份。本次投资完成后，公司全资子公司长电国际将成为中电新能源第一大股东。

中电新能源主业为开发、建设、拥有、经营及管理清洁能源发电厂，包括风电、小水电、天然气及垃圾发电等，截至 2010 年底，可控装机容量约 1618 兆瓦，其中风电、水电及燃气发电占比分别为 43%、28% 及 22%；未来将继续在清洁能源领域进行扩张，在建项目包括酒泉风电三、四期，黑龙江风电，海口垃圾发电等，保守估计其装机增速有望达 20%～30%。

投资要点

优势：

（1）国内最大水电站运营商，业务集中于水电项目。

（2）成长性较大，未来有望发展相当于两个三峡的金沙江流域水电站项目。

（3）若国家上调水电上网电价，最为受益。

风险：

利率上调对其成本影响较大。

第五节　其他新能源

低碳新能源行业，除了我们前面提到的太阳能、风能和核能之外，还有地热能、海洋能及生物质能等。其中地热能和海洋能由于技术尚不成熟或者原材料限制及成本过高等缺陷，除热泵外，目前在国内均难以大规模发展。而生物质能方面，由于目前国内上市公司涉及的相关技术普遍与粮食密切相关，国家补贴力度有限，因而国内具有生物质能业务的上市公司，该项业务普遍亏损。

地热能

地热能是由地壳抽取的天然热能，这种能量来自地球内部的熔岩，并以热力形式存在，是引致火山爆发及地震的能量。地球内部所蕴含的能量是所有石油和天然气能源的 5 万倍以上。目前世界上利用地热能的方式主要可分为地热能发电和地源热泵技术。

1. 地热能发电

地球内部的温度高达 7000℃，而在 80 至 100 英里的深处，温度会降至 650℃ 至 1200℃。透过地下水的流动和熔岩涌至离地面 1~5 公里的地壳，热力得以被转送至较接近地面的地方。高温的熔岩将附近的地下水加热，这些加热了的水最终会渗出地面。运用地热能最简单和最合乎成本效益的方法，就是直接取用这些热源，并抽取其能量，如利用蒸汽的热能在汽轮机中转变为机械能，然后带动发电机发电。

据国际地热资源组织（IGA）2010 年的调查，世界上 11 个国家有超过 100 兆瓦的地热发电站，总装机容量 10715 兆瓦。装机容量在 100 兆瓦以上的国家有美国（3093兆瓦）、菲律宾（1904兆瓦）、墨西哥（953兆瓦）、意大利（843兆瓦）、新西兰（628兆瓦）、日本（560兆瓦）和印度尼西亚（1197兆瓦）。中国的地热资源也很丰富，但开发利用程度很低，总装机容量只有28.28兆瓦，主要分布在云南、西藏、河北等省区。

2. 地热能发电的优缺点

优点：

（1）发电成本低，比矿物燃料发电厂具有成本优势。

（2）地热发电的成本在基础设施的使用期限内是不变的。因为不需要购买燃料，而且设备成本基本上是固定的。

（3）二元循环地热发电厂不排放温室气体。地热厂二氧化碳排放量相当于天然气燃料电厂排放量的1/6，只产生极少的一氧化二氮或含硫气体。

（4）可靠性高：地热发电厂可以全天24小时运转，并不像太阳能和风力发电厂那样会受到恶劣天气的影响。

（5）偏远地热发电厂可以建立在远离人群的偏远地区，这样能为居住在该地区的人们提供电力。这个特点对发展中国家显得尤其重要。

缺点：

（1）只有在地热活跃的地域上建设地热发电厂才经济可行。

（2）地热发电需要大量资本投资，如勘探、打井、建设工厂。

（3）一些地热厂会产生有毒材料，所以需要经过审批才能排放。

（4）地热工厂的建设会对周边地区土地的稳定性产生不利影响。

（5）如管理不慎，地热发电厂的热源可能会耗尽。当对地热水库中的蒸汽或热水的开采速度高于其自身的补充速度，或者高于人工回灌的速度时，该处的地热能可能会损耗殆尽。地热能源一旦枯竭，地热水库的能源可能需要几个世纪的时间才能恢复。

3. 地热泵

地热泵技术是近年来在全世界倍受关注的新能源技术。地热泵通过输入少量的高品位能源（电能），即可实现能量从低温热源向高温热源的转移。在冬季，把土壤中的热量"取"出来，提高温度后供给室内用于取暖；在夏季，把室内的热量"取"出来释放到土壤中去，并且常年能保证地下温度的均衡。地热泵在欧美是一种非常成熟的已完全商业化了的技术，在美国，地源热泵空调系统占整个空调系统的40%，是美国政府极力推广的节能环保技术。

地热泵高效节能，运行费用低，在供暖时，地热泵技术可将土壤中的能量"搬运"至室内，其能量70%以上来自土壤，制热系数高达3.5～4.5，而锅炉仅为0.7～0.9，可比锅炉节省70%以上的能源和40%～60%运行费用；制冷时要比普通空调节能40%～50%，运行成本降低40%以上。

海洋能

海洋能是一个很广泛的概念，其能源种类包括潮汐能、波浪能、海洋温差能、海浪能和潮流能等。海洋能是新能源中被应用得最少的一种，但是其惊人的潜力和可利用性是很吸引人的，毕竟地球上60%的人口都集中在离海岸线100千米的陆地范围内。

其他大部分新能源都是不稳定的，而海洋能是最具可预测性的新能源。水的密度意味着大量能源可以从相对小部分地区提取出来。21世纪海洋能将会得到大力发展，而现在已经有超过1000项关于海洋能发电机的专利。潮汐能、波浪能和25年前的风能一样处于同样的发展阶段，其发电能力预计可从2002年的1太瓦时发展到2030年35太瓦时。

1. 海洋能的几个种类

（1）潮汐能——一般为从海水面昼夜间的垂直涨落中获得的能量。在涨潮的过程中，海水具有很大的动能，而随着海水水位的升高，就把海水的巨大动能转化为势能；落潮的过程中，水位逐渐降低，势能又转化为动能。世界上潮差的较大值约为13米～15米，但一般说来，平均潮差在3米以上就有实际应用价值。法国、加拿大和俄罗斯利用潮汐能发电已经有段很长的历史了。

（2）波浪能——是利用波浪来推动浮体或装有空气/水的柱体起落来发电。信风区（赤道两侧30°之内）的低速风波浪也会产生很有吸引力的波幅，因为这里的低速风比较有规律。中国沿海有效波高约为2米~3米、周期为9秒的波列，波浪功率可达17~39千瓦/米，渤海湾更高达42千瓦/米，而一般达到40千瓦/米的波浪能就有经济适用性。

（3）海洋热能转换——用海洋表面较暖的海水与约1000米深较冷的海水温差，来推动发电机发电，现在还在研究阶段，因其热能利用效率问题，且投资巨大，目前研究阻碍较大。

2. 海洋能技术所需条件

潮汐能、波浪能皆是一种无污染、永恒的新能源，但是要使其商业化，设备需要规模效益以降低成本，Tiptree投资公司对全世界有投资性的新能源投资标准为：

（1）可拓展性高且容易把转换的能源运输至需要地区。

（2）在任何地方都有可适用性，不需要再独立定制和研发。

（3）可以预防自然灾害。

（4）简单，容易维护，适应任何天气。

现在海洋能只有两个设计可以达到以上标准：Pelamis波力发电装置（波浪能）和浮体（波浪能）的设计。这不是否定潮汐能，潮汐能有很大的潜力，但是较难达到必要的规模效益，且有很大地域限制。而其他几个海洋能的种类需要大量基础设施或者工程来根据不同情况——研究，目前并不适合个人投资者，或任何希望通过风险投资来分享一个新技术的利润增长。

生物质能

生物质能（Biomass Energy），就是太阳能以化学能形式贮存在生物质中的能量形式，即以生物质为载体的能量。它直接或间接地来源于绿色植物的光合作用，可转化为常规的固态、液态和气态燃料，取之不尽、用之不竭。从碳排放的角度来看，将生物质能转化的燃料燃烧，只不过是将光合作用所吸收的碳释放回大气中，整体来看并不增加碳排放。

生物质能是人类利用最早的资源之一，但是一直以来其利用效率极低，普遍采用直接燃烧的方式来获取能量。近几十年来，随着各国大力研究、开发利用生物质转型优化的能源技术，生物质能利用技术不断进步。生物质能的利用主要有直接燃烧、热化学转换和生物化学转换等三种途径。

1. 直接燃烧

生物质直接燃烧技术是最普遍、最广泛的生物质能源利用方式，是将生物质直接作为燃料燃烧，把贮存在生物质内的太阳能转换为热能。燃烧过程中所产生的热和蒸汽可用于发电，或向需要热量的地方供热，如各种规模的工业过程、空间加热以及城镇家庭供暖照明等。目前采用现代化高效的燃烧技术和燃烧装置，可大大提高生物质的利用效率。英国和丹麦生产的烧草固定床式锅炉的热效率达到60%。

2. 热化学转换

生物质能的热化学转换是指在一定的温度和条件下，使生物质气化、炭化、热解和催化液化，以生产气态燃料、液态燃料和化学物质的技术。

3. 生物化学转化

生物化学转化技术主要是指生物质原料在微生物的发酵作用下生成沼气、乙醇等能源产品，也就是利用原料的生物化学作用和微生物的新陈代谢作用产生气体或液体燃料。生物化学转化技术是目前应用较广泛的技术，中国大规模推广的沼气技术及美国的玉米转乙醇技术皆属于此类。

目前生物质能应用规模较大的是将农作物转化为乙醇作为汽车的燃料。巴西大部分的汽车燃料是由甘蔗制成的，而美国通过将玉米转化为汽油的替代品，消耗了世界近5%的谷物。然而由于将粮食转化为燃料，对世界本已紧缺的粮食市场造成巨大压力，导致"汽车与人争食"的情况，这也是中国政府至今仍控制粮变油项目规模的原因。

未来生物质能要大规模发展，开发出不需要消耗粮食的能够大规模推广的转化技术必不可少。在自然界中，铁纤维素是最富含碳基的分子，远比现时用来制造生物燃料的单糖及碳水化合物丰富。目前技术的要点是，找到一种方式能够低成本且有效地打破铁纤维素分子，将其转化为乙醇。但是即使是铁纤维素，仍需取自森林及耕地中的原材料，而在不破坏森林及耕地的前提下，原料供给将难以满足生物质能大规模应用的需求，从而制约生物质能产业的发展。

虽然中国A股涉及生物质能的上市公司较多，但业务普遍是利用粮食生产乙醇。我们认为中国作为人口大国，粮食安全问题始终是关系国家存亡的关键问题。除非利用非粮食作物的生物质能技术获得突破进展，否则中国生物质能产业发展规模将始终受限。本书仅简单介绍国内最大的乙醇生产上市公司中粮生化（000930. SZ）。

其他新能源相关上市公司简介

中国香港上市的其他新能源公司

中国地能有限公司（China Ground Source Energy Limited）

主席：陈蕙姬

上市代码：08128. HK

行业：地热能

公司网页：www. iini. com

低碳业务亮点

中国地能有限公司（以下简称"中国地能"）主要从事环保及新能源业务。公司是地能采集利用系统设计商，独家拥有国际上"单井循环换热"地能采集的核心系统技术。主要业务模式：将地能作为供暖替代能源的投资、建设、运营一体化，实现从能源的节约中增加效益。特许经营供暖收益权及专有技术支持服务的收益将为公司每年带来稳定现金流。地能是可再生能源，是目前唯一可以用相当于传统能源的投入成本，作为供暖的替代能源。公司致力于成为世界上地能利用最有竞争力的企业。另一项核心业务为环境保护，主要包括综合利用垃圾填埋气、处置及处理固体垃圾、固体危险废弃物、污水及废水。

中国地能的现有业务分别为由集团子公司恒有源科技发展有限公司（以下简称"恒有源"）营运之浅层地能应用及深圳利赛营运之环保业务。2009 至 2010 财年，其浅层地能应用占公司总收入超过 90%，是其核心业务。该业务主要为提供、安装及保养浅层地能利用系统，将地能作为供暖替代能源的投资、建设、运营一体化，实现从能源的节约中增加效益。目前主要项目为与新宾满族自治县政府及瓦房店市政府签订合作协议，以通过双方合作大力推广地能（热）作为供暖替代能源为核心，建设国家级新能源利用示范县（市），同时推广恒有源地能热泵系统之冷热源部分，纳入城市开发的城市区域规划，使其成为城市基础设施的一部分。

中国地能的另一项核心业务是深圳利赛营运之环保业务，包括综合利用垃圾填埋气、处置及处理固体垃圾、固体危险废弃物、污水及废水。目前主要有两个项目，一是深圳利赛之观澜河污水处理业务，由于受到污泥处理原材料价格上升影响及政府给予处理费用多年没有调整，此业务 2010 年赢利亦受到压制。深圳利赛另一个正在申请审批的飞灰处理项目，环境评估工作已基本完成，目前仍有待相关政府部门的批准。

投资要点

优势：

（1）地热能在中国北方发展潜力巨大。

（2）热泵技术发展较为成熟，地热泵技术高效节能，运行费用低。

（3）在对深圳利赛之商誉及资产进行全部减值拨备后，后续有望专注于地能行业。

风险：

（1）2009至2010财年，公司仍然亏损。

（2）地热项目仍然偏少。

国内A股上市的其他新能源公司

中粮生物化学（安徽）股份有限公司（COFCO BIOCHEMICAL（ANHUI）CO.，LTD.）

法人代表：岳国君

上市代码：000930. SZ

公司主页：www.zlfysh.com

行业：食品制造业

低碳业务亮点

中粮生物化学（安徽）股份有限公司（以下简称"中粮生化"）是我国生化领域涉足农产品深加工的大型骨干企业、国家级农业产业化龙头企业，成立于1998年8月28日，1999年7月12日公司股票在深圳证券交易所上市（股票代码：000930）。2010年，公司实现营业收入59.7亿元，同比增长19%，归属母公司所有者净利润2.94亿元，同比增长16.6%。

中粮生化利用高新技术改造传统产业发展传统发酵产品，利用农产品可再生资源，加工转化成生物能源和生物化工产品。主要包括燃料乙醇、生物乙烯及其衍生物、L-乳酸及其衍生物、聚合物。

公司的燃料乙醇的生产2010年收入31.42亿元，占主营收入的52.66%，该业务营业利润为-2.77亿元，毛利率为-8.82%。但是根据国家2010年第一季度的补贴标准推算（2010年实际补贴滞后，截至完稿日尚未公布），2010全年国家财政补贴将达到7.75亿元，综合了国家补贴后，燃料乙醇的毛利率达15.8%。

另外，由于采用先进的生物发酵技术和分离提取技术，选择清洁生产工艺，降低了污染物的产生，为后续环保处理打下了良好的基础。通过对生产过程中产生的废水、废渣的集中处理和综合利用，可获得沼气、有机复合肥、硫酸铵化肥、菌体蛋白粉、饲料酵母等环保产品，吃干榨尽，变废为宝。废水经处理后完全实现达标排放。

投资要点

优势：

（1）国内最大的燃料乙醇生产商，受益国家生物质能补贴政策。

（2）母公司中粮控股有望资产注入。

风险：

（1）粮食制燃料乙醇项目发展前景堪忧。

（2）公司赢利依靠国家补贴，存在政策性风险。

第四章
节能减排

第一节　新能源汽车

　　随着经济的日益发展，人们对出行的便捷、舒适等要求越来越高，从而对汽车的依赖日益加深。而目前的车辆主要都是通过内燃机燃烧燃料提供动力。内燃机在消耗汽油（或者其他可燃燃料如柴油、乙醇等）的同时，还向空气中排放各种污染物和温室气体。首先是对环境造成巨大污染。全球二氧化碳排放的 20%～30% 来源于汽车，城市的氮氧化物污染，也大部分源自汽车。其次，由于内燃机对于传统化石能源的巨大依赖，石油资源中 40%～50% 用于汽车，对于中国这种石油资源相对紧缺的国家来说，能源安全方面的问题同样不容忽视。最后，由于 2011 年初中东局势紧张，导致国际油价持续走高，使用传统化石燃料的汽车的经济成本持续上升。鉴于以化石能源为主要动力来源的传统汽车的诸多弊端，世界各国目前均对更加清洁的新能源汽车解决方案极为重视。

中国新能源汽车发展政策

　　整体来看，目前新能源汽车产业发展尚处于初期，相对于传统汽车来说，还存在成本过高、技术不成熟、相关配套设施不完善等缺点，从而导致目前新能源汽车规模还较小，相对于传统汽车来说竞争力还较弱。因而短期来看，新能源汽车要想发展，最为重要的是获得各国的新能源汽车扶持政策（见下表 4-1）。

表 4-1　中国现已出台的新能源政策列表

时间	措施	要点
2009.1.6	"十城千辆"项目	电动汽车"十城千辆"项目启动
2009.1.23	《新能源汽车示范推广通知》	计划用 3 年时间,每年发展 10 个城市,每个城市推出 1000 辆新能源车;对 13 个城市公共服务领域购买新能源车给予定额补助,HEV 最高补贴 5 万~45 万元
2009.2	《节能与新能源财政补助管理暂行办法》出台	中央财政重点对试点城市购置混动汽车、纯电动车和燃料电池等节能与新能源车给予一次性定额补助
2009.3.20	《汽车产业调整与振兴规划》	提出未来三年新能源车形成 50 万辆产能;推动其及关键零部件产业化
2009.5.6	200 亿元资金支持技术改革	发展新能源汽车,支持关键技术开发,发展填补国内空白的关键总成
2009.7.1	《新能源生产企业及产品准入规则》正式实施	在新能源汽车产品准入管理方面进行规定,并且对生产企业的准入做进一步细化修订
2009.12.9	新能源汽车示范推广城市范围扩大	将节能与新能源汽车示范推广城市由 13 个扩大到 20 个,选择 5 个城市对私人购买节能与新能源汽车给予补贴试点
2010.3.24	各部委就新能源路线达成共识	无论电动车、混合动力还是包括以甲醇、天然气、乙醇等为燃料的传统汽车,只要能够达到节能目的,国家都给予政策支持
2010.4	工信部推出电动车"国家标准"	——

续表

时间	措施	要点
2010.6	《关于私人购买新能源汽车补贴试点的通知》	确定在上海、长春、深圳、杭州、合肥等5个城市启动私人购买新能源汽车补贴试点工作。
2010.9	《节能与新能源汽车产业规划》征求意见稿	明确了10年内我国新能源汽车发展的总体目标和阶段目标，并且对新能源发展路线以及扶持政策提出了明确的要求。

附注：为了对新能源汽车的产业化路线实施正确引导，工信部出台了与新能源政策相配套的《节能与新能源汽车示范推广应用工程推荐车型目录》，目前已更新至第18批次，截至2010年底，已有54家车企共190个车型入选该目录。

进入21世纪以来，中国政府极为重视节能与新能源汽车的技术储备及推广。尤其是2009年以后，随着国家新能源汽车示范工程的"十城千辆"项目和新能源汽车战略的提出，中国政府对于新能源汽车的相关政策密集出台。

现行政策分析

分析2009年以来出台的新能源汽车补贴政策，除了加紧制定相关新能源汽车行业标准以外，中国对新能源汽车的扶持政策主要是通过财政补贴的形式。一方面支持新能源汽车关键技术，另一方面是通过选择示范城市的方法，在选定的城市进行新能源汽车的补贴试点。这样既能积累推广经验，又为后续可能的新能源汽车以点带面的推广打下基础。

从市场需求的角度来说，鉴于目前中国新能源汽车市场化还处于初始阶段，离开政府补贴后，新能源汽车的销售将变得极为困难。因而中国政府提出的新能源汽车补贴范围及力度的"十城千辆"项目，和私人购买新能源汽车补贴政策就显得尤为重要（见表4-2）。

电动汽车"十城千辆"项目

"十城千辆"项目由四部委于2009年1月共同启动，首批确定了13个大中型推广城市。主要目标是在 3 年内每年发展 10 个城市，每个城市推出 1000 辆新能源示范车，涉及领域包括城市公共运输系统（公交、出租车等）和公益服务运输（邮政、环卫、电力等）系统，争取在 2012 年实现新能源汽车占全国汽车市场份额的 10%。截至 2010 年底，共有 25 个城市纳入推广计划。

"十城千辆"项目推广已经整整两年，其特色在于：首批推广城市选择经济水平在全国领先的几个大中城市；国家直接通过财政补贴新能源汽车，为项目的推广提供了强有力的经济后盾；项目覆盖领域广，几乎涵盖了公共交通的各个领域，车型包括了节能汽车与新型能源汽车，做到了科学布局。目前从各推广城市的发展情况来看，已经初见成效，为下一步大规模推广新能源汽车积累了经验。随着社会大众对新能源车的进一步了解以及研发技术的升级，新能源车的发展道路将会日益宽广。

表 4-2　中国新能源政策涉及城市

政策	"十城千辆"工程	私人购买新能源汽车补贴试点项目
第一批	北京、上海、重庆、大连、杭州、济南、武汉、深圳、合肥、长沙、昆明、南昌	上海、长春、深圳、杭州、合肥
第二批	天津、海口、郑州、厦门、苏州、唐山、广州	北京
第三批	沈阳、成都、南通、襄樊、呼和浩特	

　　附注：在两个项目中，北京、上海、深圳、长春、合肥、杭州五个城市均包含在推广之列。

《关于私人购买新能源汽车补贴试点的通知》

《通知》首选上海、深圳等 5 个重点城市作为补贴启动试点，补贴针对试点城市私人购买、登记注册和使用新能源车的行为一次性发放，补贴标准根据动力电池组能量确定。对满足条件的新能源车按 3000 元/千瓦时补贴，其中插电式混合动力汽车最高补贴 5 万/辆，纯电动乘用车最高补贴 6 万元/辆。但是，该补贴资金是拨付给汽车生产企业，受补贴车企按其扣除补贴后的价格将新能源汽车销售给私人用户或租赁企业。此外，对于新能源汽车之外的环保节能汽车，按照每辆 3000 元标准由车企在销售时直接兑付给消费者。

《通知》的发布，标志着我国新能源汽车正式开始了面向普通大众的时代，这必将促进新能源汽车产业化和相关产业链的的蓬勃发展。《通知》针对纯电动车给予较高补贴，将补贴额度与汽车节油水平直接挂钩，体现了政府对纯电动汽车的政策倾向，有利于鼓励和引导车企开发具有更高水平的技术，真正实现零排放。

预期即将出台的《节能与新能源汽车产业规划》草案要点

《节能与新能源汽车产业发展规划》（2011 年～2020 年）预计 2011 年上半年公布（见表 4-3），《规划》出台后将为节能与新能源汽车项目提供明确目标。与之相配套的实施细则将让国内汽车企业发展新能源汽车有章可循，1000 亿元的巨额财政支持大大提升了企业的积极性，国内新能源汽车产业化和市场化将迎来一场质变。

《规划》明确了各种新能源路径发展思路，提出节能与新能源汽车并重发展，鼓励通过研发各种新技术实现节能减排。《规划》确定将电动汽车作为汽车产业转型的重要战略方向，最终实现插电式混合动力汽车与纯电动汽车的产业化，同时加快研发燃料电池汽车技术。这一目标促使汽车企业针对电池、电机和电控等"三电"展开激烈的竞争，贯穿于新能源汽车相关的整个产业链，如原材料、汽车整机、电网及充电桩建设。

表4-3　《节能与新能源汽车产业发展规划》草案要点

方向	具体规定
总目标	节能与新能源汽车总体规模世界第一；纯电动汽车和插电式混合动力汽车将是我国汽车产业转型的重要战略方向，同时加快燃料电池汽车技术的开发与应用
具体规划	到2020年新能源汽车产业化和市场规模达到全球第一，其中，新能源汽车保有量达到500万辆；以混合动力汽车为代表的节能汽车年产销量达到1500万辆
实施步骤	2011年~2015年，大力提高传统汽车的燃油经济性的同时，实现混合动力汽车的大规模产业化，中度、重度混合动力汽车保有量超过100万辆；2016年~2020年，将传统汽车的燃油经济性提高到世界先进水平；大规模普及混合动力汽车，中度、中度混合动力乘用车年产销量超过300万辆，纯电动汽车和插电式混合动力汽车实现产业化，市场保有量超过500万辆
行业规划	形成3~5家新能源汽车整车骨干企业，形成2~3家具有自主知识产权和国际竞争力的动力电池、电机等关键零部件骨干企业，产业集中度达到80%以上
政府支持	中央设计专项补贴基金，并给予税收减免补贴，未来10年中央猜中拿出超过1000亿元的块资金，用于扶持节能与新能源汽车产业链发展，其中500亿元用于支持新能源汽车示范推广；200亿元用于推广以混合动力汽车为重点的节能汽车；100亿元用于扶持核心汽车零部件业发展；50亿元用于示范城市基础设施建设。税收减免分为两类：对购买节能与新能源汽车的消费者，减免购置税和消费税

中国新能源汽车后续发展路径简单预测

　　我国目前处于新能源汽车发展初期，高额的补贴和优越的扶持政策诱使大量汽车企业争相涉足新能源领域，整个行业的发展暂时还处于一种混乱无序的状态，亟需国家政策引导新能源汽车产业朝着健康有序的方向发展。因此，"十二五"期间，我国的新能源汽车产业将呈现出多条发展路径并行的局面：

（1）城际大巴、城市公交、机场和市政用车大量采用电动商用车，其中城市交通将成为新能源客车生产的重要增长点。

（2）混合动力汽车大规模取代传统内燃机汽车，成为汽车市场的主流产品。

（3）私人交通工具侧重便捷经济的微型、超微型纯电动车，实现"小型化、轻量化和廉价化"。

经过初期的合理发展，新能源汽车产业将步入正轨，激烈的市场竞争将淘汰那些实力弱小的企业，具有雄厚资金和技术实力的企业将领军新能源汽车产业，进一步促进产业整合。

新能源汽车介绍及产业链投资机会

新能源汽车介绍

《节能与新能源汽车产业发规划（2011～2020年）》征求意见稿对节能汽车与新能源汽车的范围作出了清晰的界定：

新能源汽车是指采用非常规的车用燃料作为动力来源（或使用常规的车用燃料，但采用新型车载动力装置），综合车辆的动力控制和驱动方面的先进技术，形成的技术原理先进、具有新技术、新结构的汽车，包括插电式混合动力汽车（PHEV）、纯电动汽车（EV）、燃料电池汽车（FCEV）等等。节能汽车是指发动机排量在1.6升及以下、综合工况油耗比现行标准低20%左右的汽油、柴油乘用车［含普通混合动力（非插电式HEV）和双燃料汽车］，（见图4-1）。

由于目前中国政府在此方面出台政策的侧重点不同，本文将重点介绍新能源汽车部分之中，中国大力扶持的插电式混合动力汽车（PHEV）、纯电动汽车（EV）。

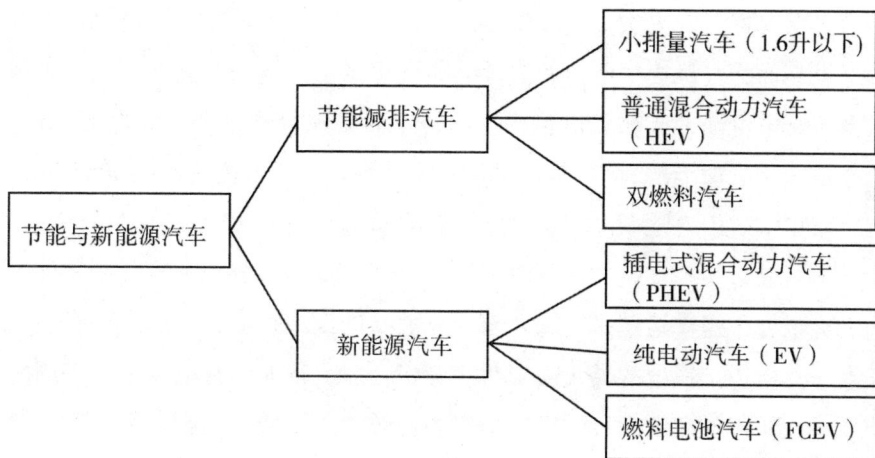

图 4-1　新能源汽车分类

资料来源：智信中国低碳投资管理有限公司

　　在介绍插电式混合动力汽车（PHEV）前，有必要先介绍它的改进原型：普通混合动力汽车（HEV）。普通混合动力汽车（HEV）是指采用传统的内燃机和电动机作为动力源，通过混合使用热能和电力两套系统进行驱动的汽车，以达到节省燃料和降低废气排放的目的。它主要由内燃机、电动机、蓄电池组成。而混合动力汽车（HEV）进一步发展就是插电式油电混合电动车（PHEV）。PHEV 与 HEV 最大的不同是前者能够通过外接电源充电，同时 PHEV 的蓄电池多采用较大容量的锂离子电池或锂聚合物电池，较之 HEV 的镍氢电池胜出不少。插电式油电混合电动车的电动马达是主要的动力来源，汽油发动机仅在需要时作为补充电源，如在为电池充电的路上、加速、传送或爬坡的时候。而在家中、车库或充电站中，可直接与常规电源插座连接，为汽车电池充电。插电式油电混合电动车由于可从外界充电，且电力作为主要动力源，相对于 HEV 来说无论是便捷性还是节能性上均具有较大优势，因而其取代普通混合动力汽车是大势所趋。同时由于 PHEV 并不是仅依赖于电动马达，它仍能使用传统的汽油，在充电基础设施大规模普及前，作为一种过渡产品，发展潜力巨大。

　　纯电动汽车（EV）是指以车载电源为动力，用电机驱动车轮行驶，符合道路交通、安全法规各项要求的车辆。它取消了传统的内燃机，由电机驱动，而为电机提供电力的储能电池就相当于油箱。蓄能电池一般采用高效率充电电池，或燃料电池为动力源。而储能电池依靠外界电源充电，由于电能是二次能源，可以来自于风电、水电、太阳能等清洁能源。EV在汽车启动时由电池向电动机供电，由电动机直接向驱动轴输出扭矩，驱动车辆行驶，实现零尾气排放的运行。但是，由于纯电动车需要依靠外界电源充电，大规模运用必须有全面的充电基础设施相配合，而国家相应政策对于充电还是换电的模式尚未明确确定，加上目前的纯电动车由于储能电池的瓶颈，导致最大行驶里程仍然相对较短，未能满足少充电次数、长行驶里程的需求，其全面普及尚需时日。

新能源汽车产业链中的投资机会

新能源汽车是在传统汽车上的改进，因而很多运用于传统汽车上的技术、零部件皆能用于新能源汽车之上，新能源汽车在产业链上与传统汽车有较多的重合。鉴于与传统汽车产业链重合的部分，市场竞争、技术上皆较成熟，投资机会相对不多。本文仅对新能源汽车与传统汽车相比所不同的产业链环节进行介绍，这些环节主要包括上游稀有金属、核心零部件、整车制造及充电设备设施，其中后两个环节直接面对终端消费者（见图4-2）。

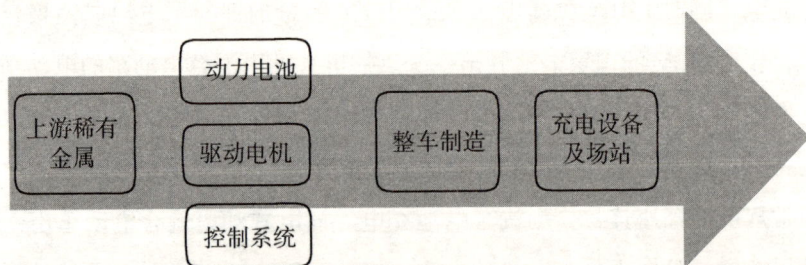

图4-2　新能源汽车产业链

资料来源：智信中国低碳投资管理有限公司

1. 上游稀有金属

新能源汽车产业链的最上游是稀有金属产业，主要涉及在电机上应用广泛的稀土矿中的钕铁硼和镧，以及在动力电池上需求巨大的的锂矿。随着市场对未来"新能源汽车"的增长预期，新能源汽车需要的原材料资源开始成为各国悄然争夺和布局的热点，鉴于我国在稀土储量上的得天独厚的资源禀赋优势，我国企业市场机会较多。我们认为，随着新能源汽车产业化进程的加速，将为上游稀土和锂等原料行业带来更多机会，投资者可重点关注具有大量资源储备的相关上市公司。

2. 核心零部件

新能源汽车的核心零部件包括动力电池、驱动电机及电控系统，其中动力电池更是关键。

（1）动力电池

动力电池是为驱动电机及控制系统提供能量、维持新能源汽车正常运行的重要零部件。理想的动力电池应该有大蓄电量、高功率、小体积、使用寿命长、低成本等优点。而现在动力电池的应用主要是镍氢电池（主用于HEV），锂离子或锂聚合物电池（主用于PHEV和EV），而铅酸电池由于许多自身性能缺陷，已渐渐不再运用于HEV中，国家新能源汽车补贴范围中亦不再包含配备铅酸电池的混合动力车。因此动力电池的投资要点集中在镍氢电池和锂电池方面。具体见表4-4、4-5。

镍氢电池：镍氢电池主要是由氢离子和金属镍为原料合成的，早在1997年就被丰田运用在混合动力汽车中。但是由于其比能量小（即每单位重量的蓄电能量），存在记忆效应和高自放电率的缺陷，导致其几乎不能运用在PHEV和EV中，但在HEV中已经成为了主流动力电池。考虑到HEV的制造成本远高于传统节能燃油机汽车，而只是享受和传统节能燃油机汽车一样的3000元/辆的补贴，所以发展前景不够乐观。

锂离子或锂聚合物电池：锂电池是一类由锂金属或锂合金为负极材料、使用非水电解质溶液的电池。锂电池是公认的最具发展前景的动力电池，它能量密度最高，充电负荷最大，同时寿命亦是最长。但是锂电池目前存在的问题是价格仍过高，且锂电池以目前的安全性来说，还不适用于大规模储能系统。虽然如此，锂电池仍是最适合 PHEV 和 EV 配备的动力电池。图 4-3 解构了锂电池的产业链。

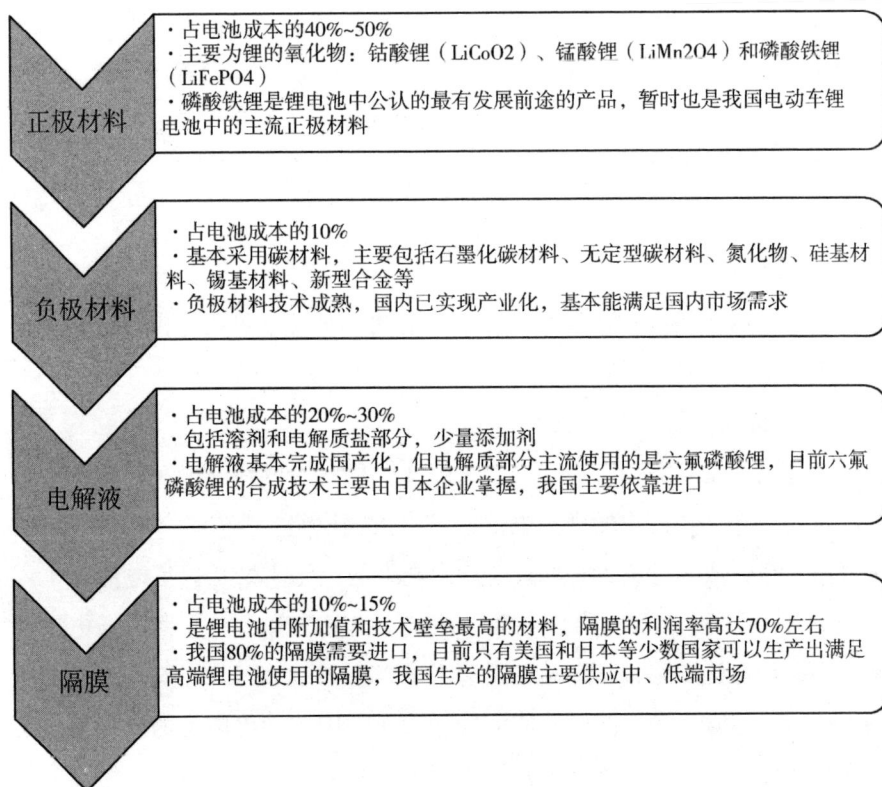

正极材料
- 占电池成本的40%~50%
- 主要为锂的氧化物：钴酸锂（LiCoO2）、锰酸锂（LiMn2O4）和磷酸铁锂（LiFePO4）
- 磷酸铁锂是锂电池中公认的最有发展前途的产品，暂时也是我国电动车锂电池中的主流正极材料

负极材料
- 占电池成本的10%
- 基本采用碳材料，主要包括石墨化碳材料、无定型碳材料、氮化物、硅基材料、锡基材料、新型合金等
- 负极材料技术成熟，国内已实现产业化，基本能满足国内市场需求

电解液
- 占电池成本的20%~30%
- 包括溶剂和电解质盐部分，少量添加剂
- 电解液基本完成国产化，但电解质部分主流使用的是六氟磷酸锂，目前六氟磷酸锂的合成技术主要由日本企业掌握，我国主要依靠进口

隔膜
- 占电池成本的10%~15%
- 是锂电池中附加值和技术壁垒最高的材料，隔膜的利润率高达70%左右
- 我国80%的隔膜需要进口，目前只有美国和日本等少数国家可以生产出满足高端锂电池使用的隔膜，我国生产的隔膜主要供应中、低端市场

图 4-3 锂电池产业链

资料来源：智信中国低碳投资管理有限公司

表4-4　铅酸、镍氢、锂离子电池性能对比

技术参数	铅酸电池	镍氢电池	锂离子电池
价格（\$/KWh）	60～100	300～500	3000～4000
重量比能量（Wh/Kg）	50	65	110～160
重量比功率（W/Kg）	150～350	500～100	1100～1200
充放电寿命（次）	300～500	400～500	1000
有无记忆效应	有	有	无
有无污染	有	无	无
（综合评级）经济性	5	4	3
寿命（年）	1	2	4

资料来源：智信中国低碳投资管理有限公司

表4-5　中国未来10年新能源汽车电池的年均市场约500亿元

单位：元

电动汽车保有量（万辆，2020年底）	500
其中：插电式混合动力汽车保有量	300
插电式混合动力汽车电池容量（KWh/辆）	15
其中：纯电动汽车保有量	200
纯电动汽车电池容量（KWh/辆）	60
电池需求量（万KWh）	16500
单价（元/KWh）	3000
电池市场（年均，亿元）	495

资料来源：智信中国低碳投资管理有限公司

　　锂电池作为未来发展的主流，发展前景广阔，从2001年～2008年，全球锂电池产量复合增长率达到45.5%，而2009年中国的锂电池增长率达89%。预测2013年开始锂电池产业将进入高速发展期，届时电动汽车

锂电池容量达到14000兆瓦时；而到2018年单是电动汽车所需要的锂电池容量就将达到45000兆瓦时，相当于2009年全球小型锂电池容量的3倍。

（2）驱动电机

作为电动车的驱动电机需有较高的性能，应具备高密度、高效率、宽调速、高可靠的特点。目前，新能源汽车驱动用的电动机通常有直流电机、交流感应电机、永磁电机和开关磁阻电机。其中，用钕铁硼制造的永磁电机，具有体积小、耐高温、磁力强、寿命长、省能耗、效率高、高可靠性、高转矩密度等特点，是新能源汽车驱动电机的首选。不但电机制造企业有庞大的市场，提供制造永磁电机的钕铁硼的稀土资源企业也将迎来庞大的市场。此外，国家的稀土出口限制政策，提高国外钕铁硼生产商的成本，有利于国内企业引进技术，增加附加值；国家对稀土深加工行业的大力支持，稀土永磁作为主要的深加工方式将获益良多。

（3）控制系统

电动汽车融合了诸多的电子控制系统，如电池管理系统、电机控制系统、驱动控制系统、再生制动系统及 ABS 系统等。作为汽车电子中的核心组件，整车控制系统通过采集踏板信号进行驾驶员需求解释，并根据当前动力电池、电机的状态信息，基于设计的控制策略和控制算法，对电机输出转矩、电机运行模式等进行指令和调节，可靠、正确实现驾驶员意图。

3. 整车制造

根据目前已公开的细则，中央财政将投入上千亿元，支持节能与新能源汽车核心技术的研发和推广。2020年的总体目标是新能源汽车保有量达到500万辆，其中第一阶段（2011年～2015年）的目标市场保有量为超过50万辆，而预测2012年新能源汽车的保有量将突破10万辆。但根据已经披露的全国22个省市的"十二五"规划显示，到2015年，中国的新增新能源产能将超过500万辆。这意味着，未来5年，当欧美各汽车强国尚处在前期研发和市场培育阶段时，中国的新能源则将"超速"进入新能源的"产能爆发期"。另一个关注的焦点将集中在新能源核心竞争力的提升上。按照《规划》，到 2015 年，动力电池、电机、电控等关键零部件核心技术要实现自主化，纯电动汽车和插电式混合动力汽车初步实现产业化。此外，还有两大要点：一是到 2020 年我国新能源汽车产销要达到世界第一；二是确定电动汽车为汽车产业转型的重要战略方向。

中国主要的新能源汽车生产商见表 4－6、4－7。

表4－6　客车类中国主要新能源汽车生产商

公司名称	核心技术	具体实施
福田汽车	混合动力	总投资 50 亿元、年产新能源客车 5000 台和高效节能发动机 40 万台的中国规模最大、品种最全的新能源汽车设计制造基地落户福田汽车昌平生产区，将建成混合动力、纯电动、氢燃料和高效节能发动机四大核心技术制造工程中心
安凯客车	纯电动豪华客车	据公司规划，到 2011 年，公司将建成新能源客车整车生产线；到 2012 年，公司的新能源客车产能将达 3000 台
中通客车	串联混合动力/纯电动客车	低地板混合动力客车和奥运用纯电动客车，采用国际一流水平的电控系统，实现了每公里耗电量仅为 1.1 度，锂电池充电一次可以行驶 250 公里，代表我国纯电动车先进水平
金龙客车	混合动力	已成功研发混合动力公交车
东风汽车	混合动力	已成功研发混合动力公交车
宇通客车	氢燃料	已成功研发海格 KLQ6118GQ 氢燃料电池公交车

表4-7　轿车类中国主要新能源汽车生产商

公司名称	核心技术	具体实施
上海汽车	混合动力/纯电动/代用燃料	2010年推出混合动力版荣威、2012年将推出插电式混合动力车和纯电动汽车
一汽集团	混合动力	2008年已推出混合动力版B70，2012年将建成年产1.1万台混合动力汽车生产基地
长安汽车	混合动力/纯电动	2008年杰勋HEV是国内首款自主品牌混合动力轿车，2009年底推出纯电动奔奔MINI，已在重庆建设新能源产业基地
比亚迪	混合动力/纯电动	国内新能源汽车领先者，2008年已推出插电式混合动力车F3DM，2009年推出纯电动轿车E6，计划以新能源车进军国际市场，成为全球领先企业
奇瑞	混合动力/纯电动/生物柴油	涉及混合动力、纯电动、生物柴油多个领域、2008年已推出轻混、中混版A5，2009年推出QQ、S18、瑞虎等多款纯电动轿车

4. 充电设备和场站

电动汽车充电站是为电动汽车动力电池提供电能补给的重要配套基础设施，充电站主要包括充电机系统、配电系统、充电站监控系统和土建系统。

（1）充电机系统：是充电站的核心设备，主要包括交流充电桩、直流充电机等。

（2）配电系统：主要完成充电站的供电功能，包括变压器、电缆等配电设备。

（3）充电站监控系统：是充电站自动化系统的核心，实现站内充电设备监控和保护、数据收集、安防等功能。主要包括充电站监控后台、充电机控制系统、配电系统监控、计量计费系统、安防系统及通信管理机等。

电动汽车充电模式包括三种：常规充电模式、快速充电模式和更换电池模式。这三种模式可相互补充，且各具优缺点。见图4－4、表4－8。

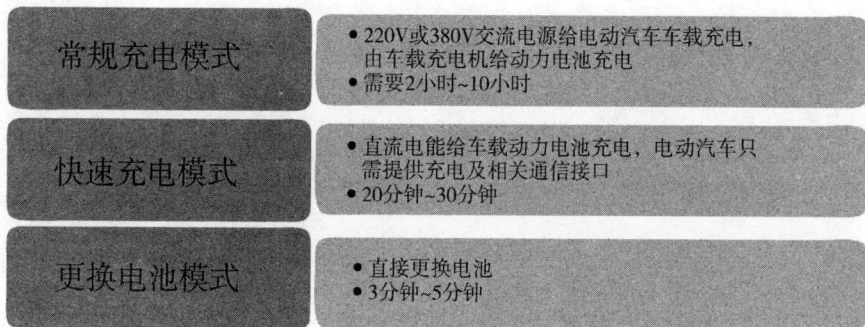

常规充电模式	• 220V或380V交流电源给电动汽车车载充电，由车载充电机给动力电池充电 • 需要2小时~10小时
快速充电模式	• 直流电能给车载动力电池充电，电动汽车只需提供充电及相关通信接口 • 20分钟~30分钟
更换电池模式	• 直接更换电池 • 3分钟~5分钟

图4－4　电动汽车充电站的充电模式

资料来源：智信中国低碳投资管理有限公司

表4－8　目前新能源汽车充电服务模式

	家庭或停车场充电	快速充电站	电池更换模式
优 势	• 充电设备投资较低 • 夜间充电较多，电费较低 • 电池寿命较长	• 充电时间短 • 电池寿命长	• 夜间充电时间多，电费较低 • 充电时间短
劣 势	• 充电时间长 • 无法满足紧急用车需要	• 充电站的投资运营费用高 • 高压电对公共电网危害大 • 需要高密度的网络覆盖，来满足紧急用车的需求	• 对电池标准化要求较高 • 对EV产品设计要求较高 • 电池分销和管理难度高

数据来源：罗兰贝格国际咨询公司，《2010～2011全球及中国新能源产业发展报告》

新能源客车

我们判断，在新能源车产业发展初期，其在客车上的应用要广于轿车，特别是公交车；而动力类型上，结合实际情况，混合动力汽车会比纯动力汽车获得更多市场份额。

新能源客车作为公交车的优势

（1）新能源车型更适合于公交车的工况，如公交车需要频繁启动/刹车，加速/减速，还经常处于低速行驶状态，不利于传统燃油机的效率发挥，导致单位里程油耗高，而新能源车由于采用电机驱动，启动加速更为直接和敏捷，同时刹车时能够回收部分能量，为电池充电。

（2）公交车行驶在固定的线路上，单程行走路程可预期，现有的电池技术的行走里程已经能够完全覆盖。同时公交车的夜间在站停驶，也适合集中充电和维修管理。

（3）公交车体积较大，对零部件的布置设计更为简单灵活，电池的体积容量约束也较小，技术要求相对于轿车较为容易实现。

（4）公交车运行在人口密集区，对环境保护要求高，新能源公车的环保效益更大。

（5）公交车属于城市基础设施，地方政府优先发展，政策扶持力度较大。

新能源客车政策

鉴于新能源客车在公交应用上具有诸多优势，发展新能源公交车是有效发展、完善及推广新能源汽车技术的较佳手段，中国在出台新能源汽车扶持政策之中亦有不少涉及新能源客车的内容。

"十城千辆"把公交客车作为切入点，包括纯电动公交客车、混合动力公交客车、燃料电池公交客车。计划在3年内每年发展10个城市，每个城市在公交、出租、公务等领域推出1000辆新能源汽车开展示范运行，力争使全国新能源汽车的运营规模到 2012 年占到汽车市场份额的 10%。

《节能与新能源汽车示范推广财政补助资金管理暂行办法》规定，购车补贴标准最高的为最大电功率比 50% 以上的燃料电池公交客车，每辆车可获 60 万元的推广补助。混合动力客车节油率须达 10% 以上，节油率越高，获得的补贴越高。

而截至 2010 年年底，工信部发布了《节能与新能源汽车示范推广应用工程推荐车型目录》（以下简称推荐目录）18 批，共计 192 款节能与新能源汽车车型。这 192 款车型中，客车车型占到了 114 款，远多于轿车车型 41 款，而纯电动车型占到 111 款，混合动力占 72 款。从这份《推荐目录》可以看出，国家政策暂时更偏好引导新能源客车的发展，而其中混合动力客车款数略多于纯动力客车（见表 4-9）。而未来 10 年，中央财政将安排 500 亿元作为节能和新能源汽车研发和产业化专项资金，在客车行业中将重点培育 10 家左右拥有自主核心技术的骨干企业。

表 4-9 《推荐目录》中客车型的比较

分类	款数	占比	分类	款数	占比	分类	款数	占比
客车	114	59.38%	纯电动	111	57.81%	客车	49	25.52%
						轿车	25	13.02%
						其他	37	19.27%
轿车	41	21.35%	混合动力	72	37.50%	客车	56	29.17%
						轿车	16	8.33%
其他	37	19.27%	燃料电池	9	4.69%	客车	3	1.56%
						轿车	6	3.13%
合计	192	100%	合计	192	100%	合计	192	100%

新能源汽车投资策略

新能源汽车投资策略上，近期最主要的是关注《节能与新能源汽车产业发展规划》（2011~2020 年）。随着《规划》即将出台，中国新能源汽车产业极可能顺势高速发展，市场对新能源汽车股票的关注将从炒概念转变为关注核心技术实力强、产品进度快、业绩增长潜力大的上市公司。

我们试着从产业链和车型的角度，归纳了以下投资策略：

（1）产业链角度

从新能源汽车产业链角度看，上游资源储备充足的稀有金属企业，中游具有核心技术的电机及电池零部件制造商，下游充电设备及充电设施提供商的投资机会应优于整车生产商。而在整车生产商中，技术储备充足、新能源车型研究进度领先、后续研发实力强、在试点城市具有竞争优势的相关车企投资机会较高。

（2）车型角度

鉴于新能源汽车发展初期新能源客车具有诸多优势，其规模化、产业化速度将领先于新能源轿车，2011年生产新能源客车的车企投资机会更大。而在"十城千辆"试点城市中具有相对竞争优势的新能源客车企业尤需重点关注。

新能源汽车上市公司简介

中国香港上市的新能源汽车公司

比亚迪汽车销售有限公司（BYD Company Limited）
主席：王传福
上市代码：01211. HK
行业：汽车、IT 电池、新能源
公司网页：www. bydauto. com. cn

低碳业务亮点

比亚迪股份有限公司（以下简称"比亚迪"）创立于1995年。目前，比亚迪在全国范围内，已在广东、北京、陕西、上海等地共建有九大生产基地，总面积将近 700 万平方米，并在美国、欧洲、日本、韩国、印度、台湾、中国香港等地设有分公司或办事处，现员工总数已超过 13 万人。

2002 年 7 月 31 日，比亚迪在中国香港主板发行上市，创下了 54 只 H 股最高发行价纪录。2007 年，比亚迪电子（国际）有限公司（股票代码：00285）在中国香港主板顺利上市，表现理想。截至 2008 年底，公司总资产额近 329 亿元人民币，净资产超过 133 亿元人民币。2008 年 9 月 27 日，美国著名投资者"股神"巴菲特的投资旗舰伯克希尔—哈撒韦公司旗下附属公司中美能源控股公司宣布以每股 8 港元的价格认购比亚迪 2.25 亿股股份，约占比亚迪本次配售后 10% 的股份，交易总金额约为 18 亿港元或相当于 2.3 亿美元。

比亚迪现拥有 IT 和汽车两大产业群。公司 IT 产业主要包括二次充电电池、充电器、电声产品、连接器、液晶显示屏模块、塑料机构件、金属零部件、五金电子产品、手机按键、键盘、柔性电路板、微电子产品、LED 产品、光电子产品等以及手机装饰、手机设计、手机组装业务等。主要客户为诺基亚、摩托罗拉、三星等国际通信业顶端客户群体。目前，比亚迪作为全球领先的二次充电电池制造商，IT 及电子零部件产业已覆盖手机所有核心零部件及组装业务，镍电池、手机用锂电池、手机按键在全球的市场份额均已达到第一位。

比亚迪的核心业务是 IT 和汽车，另外公司积极涉足新能源项目。低碳方面，汽车业务中公司积极发展的新能源汽车项目是其未来发展的核心；同时比亚迪积极开拓太阳能业务，涉及多晶硅、硅片、太阳能电池、组件到太阳能电站的完整产业链，并依托公司的铁电池方面的技术优势介入储能电站业务。2010 年底比亚迪更宣布全面介入 LED 照明行业。

比亚迪凭借自身在电池业务方面的长期技术积累，开发出了性价比极高的铁电池技术，并将之运用于公司新能源汽车项目，公司推出的 F3DM 和 E6 两个新能源汽车车型，分别属于 PHEV 和 EV，均享受国家对于私人购买新能源汽车的巨额补贴。其新能源汽车项目进度，在国内汽车厂商中独占鳌头，虽然目前受制于行业整体的技术及电动车基础设施不配套，比亚迪新能源汽车销售量仍较低，但相信其未来发展潜力惊人。而公司与奔驰公司的技术合作，更是成功实现比亚迪领先的电动车技术与奔驰优异的传统汽车制造技术的强强联合。比亚迪同样介入公共交通的电动车领域，由于电动巴士技术相对简单于电动轿车，其电动巴士有望于深圳、长沙这两个十城千辆的城市率先获得推广。

比亚迪奉行"全产业链垂直整合"，目前已全面介入太阳能电池产业链，但相关项目仍处于建设阶段，其技术上能否实现太阳能全产业链的优化组合，尚需观察。至2010年底，比亚迪宣布投资12亿元，布局LED全产业链。加上储能电站项目，比亚迪正于新能源项目上的布局全面启动。惟比亚迪在新能源技术上除了储能电站上有核心的铁电池技术作为依托外，在太阳能及LED产业方面技术上尚无优势，其目前于新能源产业的大规模介入，前景尚不确定。

投资要点

优势：

（1）IT及电子零部件业务领先，诸多产品全球份额第一，为公司下一步扩张提供稳定现金流。

（2）依托电池技术优势，新能源汽车研发国内领先。

（3）"全产业链垂直整合"，能够有效降低成本。

（4）股神巴菲特入股，明星效应明显。

劣势：

（1）2010年传统汽车业务盈利缩水，2010年度业绩堪忧。

（2）新能源汽车盈利尚需时日。

（3）新能源项目前景并不确定。

光宇国际集团科技有限公司（Coslight Group）

主席：宋殿权

上市代码：01043.HK

行业：蓄电池

公司网页：www.cncoslight.com

低碳业务亮点

光宇国际集团科技有限公司（以下简称"光宇国际"）创建于 1994 年，1999 年在中国香港联交所主板上市。集团现拥有哈尔滨光宇蓄电池股份有限公司、哈尔滨光宇电源股份有限公司等 21 家子公司和 13 家用于营销的海外子公司或办事机构（俄罗斯、德国、英国、意大利、土耳其、美国、加拿大等）。公司是集传统制造业、矿产业及互联网产业于一体的综合性运营公司。主营业务分为三大类，第一类是以通信用阀控密封铅酸蓄电池、锂离子为主要内容的电池相关制造业；第二大类是矿产业，主要是指包括铅酸蓄电池所用原材料的铅锌矿；第三大类是网络游戏的运营研发及制作。

光宇国际的核心业务 SLA（电池铅酸蓄电池）2009 年营业额为人民币 18 亿元，和 2008 年基本持平，约占营业额的 71%。第二大业务锂电池的营业额则占总营业额的 7%。而光宇国际近几年研发的铁锂电动车专用电池，已经获得 8 家汽车生产商采用，达到了商业化大规模生产的水平。光宇的 40 Ah 小时混合动力车电池已通过多家汽车生产商的测试，反映良好。其中一家的纯电动车/混合电动车在采用光宇的锂离子电池系统后，创下 11200 公里的安全纪录。估计 2011 年即可带来大幅度营业额增长。

光宇计划于 2013 年投资 9.7 亿元，计划磷酸铁锂电池产能将于 2013 年达到 120 万千瓦时，可供 240 万辆轻型电动车的 500 瓦时电池。

投资要点

优势：

（1）占中国通信电池市场份额超 25%，行业领跑者。

（2）公司的磷酸铁锂电池业务有一定技术优势。

（3）电动车电池业务主要为公交车用电池，受益于国家"十城千辆"政策。

（4）公司积极开拓国际市场。

风险：

（1）铅价上涨等因素，致铅酸电池业务萎缩。

（2）中国3G通信网络建设减速。

（3）中国新能源汽车发展速度存在不确定性。

国内A股上市的新能源汽车公司

中山大洋电机股份有限公司（Zhongshan Broad – Ocean Motor Co. ，Ltd）

法人代表：鲁楚平

上市代码：002249. SZ

公司主页：www. broad – ocean. com. cn

行业：电机制造

低碳业务亮点

中山大洋电机股份有限公司（以下简称"大洋电机"）成立于2000年，总部位于广东省中山市西区沙朗第三工业区，占地面积59.4万平方米，下辖分支机构及子公司包括大洋电机新动力科技有限公司、中山大洋电机制造有限公司、中山大洋电机销售有限公司、湖北惠洋电器制造有限公司、大洋电机（中国香港）有限公司。公司主要从事微特电机、新能源汽车驱动电机及控制系统的开发、生产和销售，年产3000余万台微特电机。

大洋电机是国内微电机行业的龙头企业之一，主营业务为微电机的研发、生产和销售，产品涉及风机负载类电机（如空调电机）、洗涤类电机、无刷电机、新能源电动汽车电机及驱动系统，以及其他类型的电机，品种达五百多种。公司在国内空调电机供货商中排名第二，在独立于空调厂商的供货商中排名第一，市场份额达20%，近三年公司的主营业务收入仍以空调用电机为主。

2010 年公司开始筹建新能源汽车电动驱动系统产业化项目，进入新能源发展领域，目前已初具规模，在中山、北京完成新能源汽车大功率永磁同步电机及控制系统产业化产能达到 5000 台，产品覆盖 1 千瓦～130 千瓦系列。大洋电机已有十多年专门从事各种微特电机生产经营历史，对电动汽车电机驱动系统加工工艺和设备都非常熟悉，并不断改造更新生产设备及工艺，电机产品质量在国内稳居首位，并处于全球领先水平。2010 年实现新能源汽车电机及控制系统等产品营业收入 8191 余万元，目前处于国内行业领先地位，先发优势明显。随着国家新能源产业政策的推进和市场形成，以及公司新增募集资金的到位，公司将进一步提高这一产业领域产业化规模，并积极探索产业发展合作模式，促进公司新兴产业的顺利发展。

投资要点

优势：

（1）2010 年新能源汽车电机及控制系统产业化已初具规模，处于国内领先地位。

（2）公司与福田汽车、一汽集团合作顺利。

（3）公司研发实力较强。

风险：

（1）原材料价格上涨影响公司毛利。

（2）国家新能源汽车政策变动，使中国新能源汽车产业发展低于预期。

万向钱潮股份有限公司（Wanxiang Qianchao Co., Ltd.）

法人代表：鲁冠球

上市代码：000559. SZ

公司主页：www. wxqc. com. cn

行业：机械制造、汽车零部件制造、销售

低碳业务亮点

万向钱潮股份有限公司（以下简称"万向钱潮"）是万向集团控股的汽车零部件制造和销售上市公司。万向钱潮致力于汽车零部件的制造与销售，产品从零件到部件，到系统总成，已发展成为拥有自主开发能力、核心制造技术、完备检测手段的汽车零部件专业生产集团化企业和生产基地。

万向钱潮是国家520户重点企业和国务院120家试点企业之一。创业近40年来，万向钱潮始终围绕汽车零部件制造主业开拓发展。专业生产汽车底盘及悬架系统、制动系统、传动系统、排气系统、轿车保险杠总成、燃油箱、轮毂单元、轴承、工程机械零部件等汽车系统零部件及总成，是国内最大的独立汽车系统零部件供应商之一。万向汽车零部件产品在供国内市场的同时，从20世纪80年代初开始进入美国市场，到90年代中期开始逐步进入美国通用、福特等全球主要汽车主机厂配套，是目前国内最大的汽车零部件出口企业之一。

万向钱潮公司主营业务为汽车底盘及悬架系统、汽车制动系统、汽车传动系统、精密件等汽车系统零部件及总成的生产与销售，公司旗下控股子公司有十多家，分布在浙江、江西、江苏、湖北等地，是目前国内专业的独立汽车系统零部件专业生产基地之一。

2010年底，万向钱潮响应国家新能源发展政策，与其控股股东万向集团及万向电动汽车有限公司签订《关于电动汽车产业的战略合作框架协议》，由公司为万向电动汽车公司提供电动汽车专用零部件产品，而万向电动汽车公司则以其长期开发积累的技术基础，对公司开发新能源汽车零部件给予技术及市场业务等方面的全力支持。

目前，万向钱潮拥有电池、电机和电控等较为完整的产业链和产业化规模，基于十余年的纯电动汽车及电动力总成开发生产历程，成为国内较为优质的新能源汽车动力总成提供商。随着国家新能源汽车政策密集出台和乘用车市场的持续快速增长，公司各方面业务面临广阔的市场空间。

2010年公司实现营业收入78.2亿元，同比增长40.39%，净利润达4.26亿元，同比增长60.03%。入主新能源领域后，将会带来更高的盈利预期。公司2010～2012年间计划在电机、电控领域各投资1亿元，集中发展新能源汽车相关业务。对于符合未来新能源汽车配套需要的产品，继续按照"做专、做精、做强、做大"的方针加大投入，不断向各自专业领域的全球市场主导地位，向世界品牌目标发展，而不符合新能源汽车配套需要的产品将逐步予以淘汰。

投资要点

优势：

（1）传统汽车零部件龙头企业，行业地位优势明显。

（2）新能源汽车零部件在技术储备上具先发优势。

（3）海外市场连年增长。

风险：

（1）传统汽车销售规模或萎缩。

（2）国家新能源汽车政策变动，使中国新能源汽车产业发展低于预期。

辽宁曙光汽车集团股份有限公司（Liaoning SG Automotive Group Co.，Ltd.）

法人代表：李进巅

上市代码：600303.SH

公司主页：www.sgautomotive.com

行业：汽车整车、车桥及零部件制造

低碳业务亮点

辽宁曙光汽车集团股份有限公司（英文简称SG Automotive Group，以下简称"曙光集团"），是以整车、车桥及零部件为主营业务的跨地区的企业集团，是"国家汽车整车出口基地企业"，拥有国家级技术中心。

曙光集团主营业务为汽车的制造与销售，公司以乘用车、客车及车桥等零部件的生产制造为核心产品架构，其驰名品牌"黄海"系列乘用车、商用车、"曙光"车桥和零部件在国内占有相当比例的市场份额。

在国家政策拉动下，集团坚持传统与新兴业务相结合的发展战略布局。2010年，公司在传统主业务得到巩固和稳定发展的基础上，试水新能源汽车设计制造，加大新能源产品和技术的研发，完成混合动力公交车、纯电动公交车等新能源产品的开发，节油率和可靠性处于国内领先水平。黄海混合动力公交在云南昆明和江西南昌市场投放71辆。在新能源客车的电机电控领域，曙光集团与株洲南车强强联合，有效将传统车技术与电驱动技术对接，成为混合动力公交大规模推广的最大受益者。而公司与江苏常州麦科卡的合作则迅速获得了家用电动轿车最先进的动力驱动与控制技术系统，走在新能源汽车行业的前列。

2010年，在中国汽车行业"购置税减半"、"汽车下乡"和"以旧换新"政策延续以及新能源汽车补贴政策实施情况下，公司抓住机遇，采取有效措施，实现了业绩大增长。2010年全年销售收入61.1亿元，净利润2.43亿元，分别同比增长50.81%、51.17%。2011年，国家"十二五"规划明确新能源汽车行业发展方向，公司积极拓展新市场，加快产品研发和结构调整，加大新能源和清洁能源汽车的研发投入，大力推进节能减排工作，实现公司快速稳健持续发展。

投资要点

优势：

（1）传统客车制造商，新能源客车项目起步较早。

（2）公司生产的大中客车以公交为主，受益于"十城千辆"项目。

（3）LNG客车项目亦具技术优势。

风险：

（1）传统汽车市场或不景气。

（2）国家新能源汽车政策变动，使中国新能源汽车产业发展低于预期。

北汽福田汽车股份有限公司（Beiqi Foton Motor Co., Ltd.）

法人代表：徐和谊

上市代码：600166. SH

公司主页：www. foton. com. cn

行业：汽车制造业

低碳业务亮点

北汽福田汽车股份有限公司（以下简称"福田汽车"）成立于 1996 年 8 月 28 日，是一家跨地区、跨行业、跨所有制的国有控股上市公司。总部位于北京市昌平区，是一个以北京为管理中心，在京、津、鲁、冀、湘、鄂、辽、粤、新等 9 个省市区拥有整车和零部件事业部，研发分支机构分布在中国、日本、德国、台湾等国家和地区的大型企业集团。

目前福田汽车旗下拥有欧曼、欧 V、欧马可、蒙派克、迷迪、风景、传奇、奥铃、萨普、时代等十大产品品牌。自成立以来，福田汽车依托完善的法人治理结构，坚持走技术创新、市场创新、机制创新和管理创新之路，实现了快速发展，并成长为中国汽车行业自主品牌和自主创新的中坚力量。

福田汽车作为一家跨区域、行业及所有制的国有控股汽车制造业上市公司，生产车型涵盖轻型卡车，中重型卡车、轻型客车以及大中型客车等全系列商用车，在全球的汽车产业中占有重要的市场地位。公司连续七年蝉联国内商用车销量榜首，品牌价值超过 339. 71 亿元，是中国汽车行业自主品牌和自主创新的中坚力量。2010 年，福田汽车累计销售汽车 682895 辆，同比增长 13. 4%，销售收入 535 亿元，同比增长 19. 3%，在全国单一汽车生产企业中排名第五，在商用车企业中销量排名第一。

福田汽车从 2004 年起，先后建成了新能源汽车技术中心，节能减排重点实验室等专业研发设计中心，拥有与世界同步的清洁能源技术、替代能源技术和新能源三大绿色能源技术，同时还形成混合动力、纯电动、氢燃料和高效节能发动机四大核心设计制造工程中心。2010 年，福田汽车已经累计销售新能源汽车近 2000 辆，涵盖混合动力客车、纯电动客车、纯电动环卫车、纯电动出租车等，新能源汽车产销规模第一，成为我国新能源推广应用的领导者。受益于"十城千辆"规划、北京新能源环卫、邮政车辆的采购需求，公司新能源汽车销量仍持续增长。随着国家"十二五"规划出台，福田汽车也规划了未来五大重点产业，包括汽车与新能源汽车、新能源（动力电池、储能电池、智能电网等）、汽车物联网、金融服务业和高端装备制造业。

另外，公司与康明斯的合作渐入佳境，欧Ⅵ发动机技术的导入标志着福田汽车将成为国内首家拥有欧Ⅵ排放的发动机技术储备的公司。与戴姆勒的合资公司成立在即，国际化道路越走越宽广。公司新能源汽车在国内也逐渐得到认可，2010年下半年公司先后与台湾、长沙、三门峡、中山等地区、城市签订了欧Ⅴ混合动力和纯电动客车销售合同。随着公司商用车逐步实现全球化，同时借助新能源汽车发展的契机，公司商用车和乘用车业务将实现跨越式发展。公司牵头成立北京新能源汽车联盟及可持续新能源国际联盟，为未来可持续发展打下坚实基础。2011年公司进一步加大基础建设和产品研发投入，计划销量72万辆，销售收入564亿元，净利润20亿元。

投资要点

优势：

（1）总部位于北京，可受益于国家及北京政策倾斜。

（2）新能源汽车项目启动早，技术积累强。

（3）与戴姆勒合作，有利于公司国际化。

风险：

（1）传统汽车市场或不景气。

（2）国家新能源汽车政策变动，使中国新能源汽车产业发展低于预期。

宁波杉杉股份有限公司（Ningbo Shanshan Co.，Ltd.）

上市代码：600884. SH

法人代表：庄巍

公司主页：www. ssgf. net/index. asp

行业：纺织服装、新材料

低碳业务亮点

宁波杉杉股份有限公司（以下简称"杉杉股份"）是服装行业上市公司中规模较大、具有较高知名度的企业。公司主营服装，产品以西服为主，兼有衬衫、休闲服等。公司拥有知名品牌"杉杉"以及"FIRS"、"梵尚"等多个品牌。1999 年，"杉杉"商标被国家工商行政管理局商标局认定为中国驰名商标。2000 年，"杉杉"西服和衬衫获得了环境标志产品认证证书，是全国首家通过该项论证的服装企业。2001 年，"杉杉 FIRS衬衫"被中国名牌战略推进委员会授予"中国名牌产品"称号；2001 年"杉杉"西服名列全国市场同类产品销量第二名（国家统计局和中国行业企业信息发布中心认证）、市场综合占有率第二名（中国商业联合会、中华全国商业信息中心统计）；据 2002 年全国大中型零售企业商品销售统计及品牌监测资料，公司"杉杉"西服各项指标在众多国内品牌中名列第二名。

杉杉股份主营业务包括服装业、投资和锂电池材料。服装业是杉杉集团的传统业务，为公司在国内国际市场上打响品牌做出了突出贡献。而锂电池业务则是杉杉集团近年发展起来的新业务，截止目前，公司的锂电池业务已经在国内同行业占据了举足轻重的地位。2010 年，公司总营业收入为 28.4 亿元，净利润 1.21 亿元，其中锂电材料业务实现净利 8630 万元。

杉杉股份旗下子公司"杉杉科技"作为目前我国最大的锂离子电池综合材料供应商，拥有较完整的锂离子电池材料产品体系，产品种类覆盖锂电池正极材料、负极材料和电解液，正极产品包括钴酸锂、锰酸锂、镍钴二元系、镍钴锰三元系、磷酸铁锂等系列产品；负极产品包括中间相系列、人造石墨系列、天然石墨系列、综合型系列等四大系列成熟产品；电解液产品包括各种规格型号锂离子电池电解液及各种高纯度的有机溶剂。

为进一步推动锂电产业的技术升级、规模扩张和产业链布局，杉杉股份与日本拥有锂电池正极材料高端技术的户田工业和拥有全球化市场网络的伊藤忠商社就锂电池正极材料制造签署了合资合作协议，就锂电池正极材料业务展开全面合作，以推进公司相关的锂电池技术研发、产品培养和市场开拓。同时还与澳大利亚 Heron Resources Ltd. 达成 Yerilla 镍钴矿项目的合作框架协议，继续推进相关研究工作。另外公司还稳步推进湖南海纳二期项目，以实现锂电正极材料业务与上游原材料的对接。

锂电池是新能源汽车核心的部件，具有较高的技术壁垒，市场竞争力很大程度依赖于长期发展的技术积累。在全球低碳背景下，锂离子电池作为顺应国家节能环保主题的绿色能源，具有广阔的发展空间。目前国内锂电池材料行业的企业竞争多集中于低端市场，产品相对单一、技术含量较低，高端产品之间的竞争主要表现在国内少数几家企业与国外企业之间的竞争。杉杉集团作为国内锂电池材料领域的先行者，已形成相对成熟、完整的产品体系，公司正积极实施锂电产业链战略，为参与新一轮的市场竞争打下坚实的基础。锂电池已经成为新能源技术和产业发展的重点，锂电池产业广阔的前景为材料供应龙头的杉杉股份提供了良好的发展舞台。

投资要点

优势：

（1）国内少数具有完整锂电池产业链的企业，最为受益新能源汽车。

（2）传统服装业务，为公司提供稳定现金流。

（3）锂电池产品体系已相对成熟，先行优势明显。

风险：

国家新能源汽车政策变动，使中国新能源汽车产业发展低于预期。

佛山佛塑科技集团股份有限公司（Fspg Hi – Tech Co., Ltd.）

上市代码：000973.SZ

法人代表：黄平

公司主页：www.fspg.com.cn

行业：薄膜新材料、节能环保产品生产研发、制造

公司简介

佛山佛塑科技集团股份有限公司（以下简称"佛塑科技"）是中国塑料新材料行业的龙头企业、中国制造业 500 强、国家火炬计划重点高新技术企业集团，是广东省工业龙头企业中唯一的"战略产业类新材料企业"，广东省塑料工程技术研发中心的依托企业。佛塑科技秉承"创新、进取、务实、卓越"的精神，致力于新能源、新材料、节能环保产业的研发制造，近年开发的锂离子电池隔膜、偏光膜和电工电容薄膜等新型聚合物材料已经蜚声国内外市场，现已逐步形成以渗析材料、电工材料、光学材料和阻隔材料四大系列产品为框架的产业布局。公司近期研发的晶硅太阳能电池用 PVDF 膜背板项目，以复合智能节能薄膜为启动项目的与中科院上海硅酸盐研究所战略合作事项，标志着公司向新能源、新材料产业高端发展迈开了新的步伐。

佛塑科技 2000 年在深圳证券交易所挂牌上市，下辖 7 家分公司和 22 家长期投资企业。佛塑科技拥有"汾江牌"、"鸿基牌"、"双象牌"、"双龙牌"、"HG 牌"等多个中国名牌产品和广东省名牌产品、著名商标，体现了多年来专注积累的良好商誉。拥有的 13 项国家发明专利彰显了自主创新的非凡实力。

佛塑科技在塑料领域处于国内领先水平，主营产品包括锂电池隔膜、3D 偏光膜、BOPET 膜、传统的包装膜和复合编织膜，分别属于渗析材料、光学材料、电工材料和阻隔材料。配合国家"十二五"规划出台，公司的发展战略转向新能源、新材料和节能环保产品的研发与生产。2010 年公司实现营业收入 37.52 亿元，净利润 17310.42 万元。其中薄膜产品实现营业收入 19.71 亿元，毛利率达 20.42%。

在聚合物薄膜领域，公司具有较强的竞争优势。公司旗下的杜邦鸿基薄膜和金辉高科是公司薄膜产品主要生产基地。杜邦鸿基是国内产销规模最大和具有世界一流技术水平的 BOPET 生产企业，佛塑股份持有其49%的股权，该公司生产的产品主要用于变压器、马达、标签、电容器等高端市场，2010年杜邦鸿基贡献了公司投资收益的80%。而金辉高科则是公司控股的国内少数生产电池隔膜技术相对成熟的高新技术企业之一，金辉高科生产的离子渗透微孔薄膜、功能性聚合物膜片、绝缘薄膜、各种用途半透膜等环保用有机膜在同行业中占据绝对的市场优势，主要用于数码产品、电动自行车和笔记本锂电池生产。金辉公司锂电池隔膜产品2010年实现营业收入1.39亿元，现有锂电池隔膜产能为1200万平方米，2011年下半年将新增4500万平方米产能。此外，公司还计划与上海硅盐酸研究所合作进行"高分子复合智能节能贴膜项目"，此贴膜将对建筑、汽车、轮船等起到节能的效果。

目前国内的锂电隔膜主要依赖从日本、美国、韩国等国进口。国内的技术劣势在于拉膜和造孔技术，对材料复合、厚度和强度均匀及孔径均匀一致性把握不准，而隔膜生产具有高技术、高资本、周期长的特点，使得该行业的进入壁垒较高。佛塑股份通过技术改进，自主研发出锂电池隔膜制造使用设备，未来有望突破隔膜行业的技术瓶颈，开拓更为广阔的市场。

投资要点

优势：

（1）2011年国内唯一量产的锂电池隔膜生产商，技术优势明显。

（2）传统业务盈利望好转。

风险：

（1）公司动力锂电隔膜研发进度存在一定不确定性。

（2）国家新能源汽车政策变动，使中国新能源汽车产业发展低于预期。

江苏国泰国际集团国贸股份有限公司（Jiangsu Guotai International Group Guomao Co.，Ltd.）

上市代码：002091. SZ

法人代表：王永成

公司主页：www. gtiggm. com

行业：纺织、化工新材料

低碳业务亮点

1998 年江苏国泰国际集团国贸股份有限公司（以下简称"江苏国泰"）经江苏省人民政府批准设立，主要从事纺织、服装、机电、轻工、化工等商品进出口贸易和外派劳务业务，目前注册资本 30000 万元，2006年在深圳证券交易所上市。公司地处江苏省张家港市，北沿长江，南近太湖，东通常熟，西接江阴，还有张家港和江苏省张家港保税区，具有优越的地理交通优势。

2010 年公司进出口额达 4.8 亿美元，其中出口额达 4.3 亿美元。2010年末，公司总资产 1.81 亿元，净资产 9.2 亿元，2010 年每股收益 0.59 元。

公司主营两大业务：传统的国际贸易和新材料。新材料业务由张家港市国泰华容化工新材料有限公司、张家港市亚源高新技术材料有限公司和江苏国泰锂宝新材料公司经营。

国泰华容化工主要从事锂离子电池电解液和有机硅的生产、销售，是我国最早从事锂离子电池电解液生产的厂家之一，规模已经跃居行业前列，具有很厚的技术积累和良好的品牌影响力，是国内绝大多数锂离子电池企业供应商，并有部分产品出口。2010 年国泰华容公司业务收入 37187.14 万元，净利润 7211.54 万元，江苏国泰持有华容化工 78.89% 的股份。

2010 年成立的亚源高新技术材料公司由江苏国泰与华容化工共同控股，目前主要从事六氟磷酸锂的研发与生产。六氟磷酸锂是电解液最核心的原材料，目前国内售价达到 35 万元/吨，成本占到电解液生产成本的 60%，由于高难度的生产技术，目前该产品基本被日本企业垄断，我国依赖进口。公司的六氟磷酸锂正在中试过程中，一旦公司生产出合格的六氟磷酸锂产品，实现原材料替代，不但能打破了国外产品的垄断地位，大幅降低公司的原材料成本，公司在电解液行业的龙头地位将更加稳固。

2010年公司还成立了江苏国泰锂宝新材料公司建设1100吨锂离子电池正极材料项目，包括锰酸锂、磷酸铁锂、三元材料。正极材料占锂电池成本的30%，电解液占锂电池成本的12%，合计42%。公司布局锂电池原材料产业链上利润最丰厚的环节，立足中高端市场，具备长期的核心竞争优势。

2010年公司电解液销量达到3980吨，实现销售收入39.6亿元，同比增长49.61%，净利润1.77亿元，同比增长20.17%。2011年公司电解液将扩产至1万吨，销量预计5400吨。2011年公司转变新能源业务发展模式，进入跨越式发展阶段，从单一的锂电池电解液生厂商向专业的锂电原材料配套供应商转变，产品涵盖电解液、六氟磷酸锂、正极材料，其中正极材料包括锰酸锂、二元材料和磷酸铁锂。公司只做专业的锂电材料供应商，并将发展战略集中于高端市场。

投资要点

优势：

(1) 锂电池电解液生产为国内龙头。

(2) 六氟磷酸锂和正极材料有望成为业务新亮点。

风险：

国家新能源汽车政策变动，使中国新能源汽车产业发展低于预期。

第二节　高速铁路

　　恰逢本书即将出版之时，2011 年 7 月 23 日温州发生了全球震惊的"温州动车追尾脱轨事故"。虽然截止笔者截稿时，此次事故对于中国高铁产业建设的影响仍未完全显现，但毋庸置疑的是，温州动车组事故将使中国更加重视高速铁路的安全问题，中国高铁的建设规划及过程将更加趋于谨慎。同时，笔者亦相信在解决了高铁的安全问题后，作为最适合中国国情的低碳交通方式，中国高铁发展潜力仍然巨大。

　　清洁交通是人类实现低碳生活的重要方式，。从交通工具上来说，汽车和火车未来仍将是中国的主要交通工具，围绕这两种交通工具的清洁化，是清洁交通的重点及核心。汽车方面主要的清洁化思路是，通过提高汽车发动机的能源效率和使用更加清洁的新能源作为动力源两方面；而火车方面，目前中国主要是大力推进高速铁路的建设。

　　高速铁路是指通过改造原有线路（直线化、轨距标准化），使营运速率达到每小时 200 公里以上，或者专门修建新的"高速新线"，使营运速率达到每小时 250 公里以上的铁路系统。高速铁路除了在列车营运速度上有一定标准外，车辆、路轨、操作都需要配合提升。广义的高速铁路包含使用磁悬浮技术的高速轨道运输系统。

　　历史上共有三次铁路建设高潮，如下表 4 - 10，目前正处于第三次以高铁技术为核心的建设高潮。其中前两次铁路建设高潮中，中国受经济实力限制，均未能成为主要参与国家。但在第三次建设高潮中，由于中国经济实力迅速提高，铁路运力已无法满足经济发展的需要，几乎每年的春运都出现了"买票难"问题，中国开始大规模开展铁路建设，尤其是高速铁路建设。

表4-10　世界高铁建设进程

时期	建设年度	参与国家
第一次建设高潮	1964~1990	日、法、意
第二次建设高潮	90年代初	意、比、荷、瑞、英、西
第三次建设高潮	90年代初至今	意、韩、俄、荷、日、德、英、西、中、澳

数据来源：智信中国低碳投资管理有限公司

和中国一样，世界各国均对高速铁路建设抱有极大热情，截止2010年，除中国外，全世界明确规划要修建高铁的有美国、俄罗斯、欧盟、日本等11个国家和地区，这些国家和地区的规划总里程已超过4.4万公里。

表4-11　各国规划修建的高铁里程

单位：公里

国家	里程
美国	10000
欧盟	9000
俄罗斯	8874
欧亚高铁	6566
东盟	3136
日本	3000
越南	1700
沙特	500
南非	500
委内瑞拉	472
巴西	440
合计	44188

数据来源：智信中国低碳投资管理有限公司

中国高铁发展

2010 年 10 月 26 日，全长 160 公里的沪杭高铁正式通车，全线设计时速达到 350 公里，沪杭之间的运行时间缩短到 45 分钟。2010 年 11 月 15 日，全长 1318 公里的京沪高铁全线铺通，高铁建设再次引起社会关注。根据最新数据，以"四纵四横"为骨架的高速铁路网络，已经完成规划 62 条线路，目前通车 13 条，在建 38 条，已获批复即将开工的 5 条，尚在规划中的 6 条。不考虑尚未审批立项的规划中项目，仅计算已通车、在建和已获批即将开工的线路里程总和就高达 2.3 万公里，这些线路都将在 2014 年底前完工，而 2009 年中国铁路营业里程为 8.6 万公里（其中高铁 6552 公里，目前在建 10000 公里左右），这意味着"十二五"期间将建成 16448 公里的高铁，这也会提前完成"十三五"的目标。

中国高铁是国内产业中为数较少的"以市场换技术"成功的产业，具有完整的知识产权、中国独有和丰富的经验、数据、技术、产品和品牌，具备了较强的国际竞争力。从国家战略的层面来看，通过高铁产业链的技术输出和劳务输出，一可以在中国全球化及外交战略中凸显中国成为世界负责任大国的形象；二可以通过换取中国所需能源和矿产资源以保证中国国内能源和矿产资源的供应安全；三可以大幅提升军方运兵能力，有助于中国提升军事能力，从而实现中国部分军事战略。

在"温州动车追尾脱轨事故"发生过后，中国对于高铁的安全问题更加重视，迅速出台了包括开展高速铁路及其在建项目安全大检查、适当降低新建高速铁路运营初期的速度、对已经批准但尚未开工的铁路建设项目重新组织系统的安全评估、暂停审批新的铁路建设项目在内的若干政策。而且对于未来中国高铁发展至关重要的"十二五"铁路发展规划亦将全面调整，将全面加强高速铁路运营安全方面的管理。在这些出台的政策之中，暂停审批新的铁路建设项目和"十二五"铁路发展规划这两项对于高铁产业未来的发展影响最大。

高铁投资机会

虽然在"温州动车追尾脱轨事故"后，与高铁相关的个股普遍有了较大幅度的调整，短期而言高铁类个股亦存在继续调整的风险，但相信中国仍将坚定不移地继续发展高速铁路，未来中国高铁产业发展前景广阔，高铁股票现时的调整或者正是长线投资者逢低介入的良机。

具体而言，高铁整个建设过程包括铁路基础设施（路基、桥梁、轨道），高铁车辆以及配件制造，信息化和电气化设备。

高铁上市公司涉及包括铁路基础设施、高铁车辆以及配件制造、信息化和电气设备的制造企业，包括 A＋H 上市的中国中铁（00390）、中国铁建（01186）、中国南车（01766），及在国内 A 股上市的中国北车（601299. SH）、晋西车轴（600495. SH）、新筑路桥（002480. SZ）等。

其中，铁路基础设施方面，铁路基建公司受益于国家加快铁路建设力度及海外业务拓展，新增合同数迅速增长，虽然基建类公司普遍毛利率偏低，但收入高速增长仍将带动公司业绩增长。高铁车辆以及配件制造方面，随着动车组将进入集中交付期，动车车辆制造企业、动车配件制造企业将明显受益于高速车辆的采购。而铁路信息化和电气化设备方面，该部分产品毛利率高，唯收益一般滞后铁路投资 2～3 年，因此 2011 年信息化设备商的业绩将开始释放。

高铁上市公司简介

中国香港上市的高铁公司

中国铁建股份有限公司（China Railway Construction Corporation Limited）

主席：李国瑞

上市代码：01186. HK

行业：铁路基建

公司网页：www. crcc. cn

低碳业务亮点

中国铁建股份有限公司（以下简称"中国铁建"）是中国乃至全球最具实力、最具规模的特大型综合建设集团之一，2010年《财富》"世界500强企业"排名第133位，"全球225家最大承包商"排名第1位，"中国企业500强"排名第8位，是中国最大的工程承包商，也是中国最大的海外工程承包商。2009年底，企业总资产2829.9亿元，净资产540.8亿元，全年新签合同总额为6013亿元，其中海外新签合同额597亿元，营业收入3555亿元，实现利税总额208亿元。

公司业务涵盖工程承包、勘察设计咨询、工业制造、房地产开发、物流与物资贸易及资本运营，已经从以施工承包为主发展成为具有科研、规划、勘察、设计、施工、监理、维护、运营和投融资的完善的行业产业链，具备了为业主提供一站式综合服务的能力。并在高原铁路、高速铁路、高速公路、桥梁、隧道和城市轨道交通工程设计及建设领域确立了行业领导地位。

中国铁建是中国最大的工程承包商，涉及包括高铁、城市轨道交通在内的诸多清洁交通基础设施建设业务。2010年上半年，其工程承包、勘察设计咨询、工业制造业务收入，分别占其总收入的88.5%、2.0%及2.4%。

铁路建设方面，2010年上半年公司国内铁路工程新签合同额2054.677亿元，占新签工程承包合同总额的71.56%。在经历2009年的4万亿投资推动后，预期未来国内铁路投资增速有所回落至15%左右，虽然投资增速有所回落，但受益于中国未来仍将大力建设铁路系统，中铁建铁路建设业务规模有望持续扩大。

城市轨道交通项目是公司未来业绩的重要增长点，2010年上半年公司中国城市轨道交通工程新签合同143.660亿元，占新签工程承包合同总额的5.00%，同比增长62.69%。由于中国城市正逐渐进入集中建设城市轨道交通的高峰期，未来中铁建城市轨道交通建设项目可望较快增长。

中铁建的海外业务目前虽然发展迅速，但目前来看其对公司整体收入贡献仍有限。另外，海外承接项目的风险同样需重点留意。

投资要点

优势：

（1）铁路基建龙头企业，受益于国家的大规模铁路建设。

（2）城市轨道交通项目有望较快增长。

劣势：

（1）中国铁路建设规模或低于预期。

（2）传统基建类企业，毛利率偏低。

（3）海外项目风险。

中国中铁股份有限公司 （China Railway Group Limited）

主席：李长进

上市代码：00390. HK

行业：铁路基建

公司网页：www. crec. cn

低碳业务亮点

中国中铁股份有限公司（以下简称"中国中铁"）业务覆盖勘察设计、施工安装、工业制造、房地产开发、资源矿产、金融投资等多个领域，总资产3118亿元，净资产663.6亿元，是全球第二大建筑工程承包商，连续七年进入世界企业500强，2010年排名第137位。目前，中国中铁在中国企业500强中排名第9位，在中央企业排名第6位。

目前，公司拥有46家二级公司，其中特大型施工企业16家，大型特大型勘察设计咨询企业6家，大型工业制造和科研开发企业3家，以及多家国际业务、房地产开发、矿产资源开发、投资建设管理、信托投资公司。

中国中铁业务主要包括基建建设、勘察设计、设备制造及房地产等。

其中铁路建设、轨道交通及公路建设为主的基建建设业务占公司 2010 年总收入的 86.2%。

随着国家大力推进铁路及轨道交通建设，未来几年内中国中铁的铁路建设及轨道交通业务将维持较高景气度，公司来自铁路的新签订单有望保持稳健增长，轨道交通方面未来可随着城市化的推进而获得快速增长。短期来看，主要受益于 4 万亿投资的滞后效应，2009 年基建投资对应企业收入的高增长将在 2010 年逐步释放。

投资要点

优势：

（1）受益于国家的大规模铁路建设，公司新签合同快速增长，未完工合同充足。

（2）城市轨道交通项目望较快增长。

（3）地产及 BOT 投资贡献收益有望提升。

劣势：

（1）中国铁路建设规模或低于预期。

（2）传统基建类企业，毛利率偏低。

（3）海外项目风险。

中国南车股份有限公司（CSR Corporation Limited）

主席：赵小刚

上市代码：01766. HK

行业：高铁客车

公司网页：www.csrgc.com.cn

公司简介

中国南车股份有限公司（中文简称"中国南车"，英文简称缩写CSR），是经国务院国有资产监督管理委员会批准，由中国南车集团公司联合北京铁工经贸公司共同发起设立，设立时总股本 70 亿股。成立于 2007 年 12 月 28 日。2008 年 8 月实现 A + H 股上市。现有 16 家全资及控股子公司，分布在全国 10 个省市，员工逾 8 万人。

中国南车主要从事铁路机车、客车、货车、动车组、城轨地铁车辆及重要零部件的研发、制造、销售、修理、租赁，和轨道交通装备专有技术延伸产业，以及相关技术服务、信息咨询、实业投资与管理、进出口等业务。按照《国际标准产业分类》划分，属于机械制造业中的交通运输装备制造业。

中国南车的主要业务是轨道交通产品及其衍生产品的研发、制造，其产品包括铁路机车、客车、货车、动车组、城轨地铁车辆及重要零部件。按照清洁交通的定义，我们将动车组和城轨地铁车辆列为清洁交通的产品。

动车组方面，2009 年该项目业绩占其总业绩的 17.39%，中国南车是国内主要的动车组生产商，2009 年市场占有率为 70.97%。随着中国高速铁路建设项目陆续竣工，南车动车组交付数量将迎来高增长，带动集团业绩走好。预期 2013 年将是中国高铁竣工的高峰期，对于动车组的需求将急剧扩大。作为中国主要的动车组生产商，中国南车在成功消化吸收了原有技术基础上，自主研制出中国首列时速 300 公里及以上动车组，在高铁领域具备核心竞争优势。2010 年其研制的"和谐号"CRH380A 刚刚于 12 月 3 日创下时速 486.1 公里的世界铁路运营最高速度。

城轨地铁车辆方面，2009 年该项目业绩占其总业绩的 9.61%。随着国内对于公共交通的需求扩大，预期城市城轨地铁修建将进入加速发展期，该业务后续发展潜力巨大。

投资要点

优势：

（1）受益于国家的大规模铁路建设，手持订单充足。

（2）动车组有望迎来高增长。

（3）城市地铁车辆有望成为其新的利润增长点。

（4）受益于铁路电气化提高，机车需求受益。

（5）技术优势较强。

劣势：

（1）中国铁路建设规模或低于预期。

（2）产品的主要销售对象是铁道部，公司议价能力相对较弱。

（3）或有再融资需求。

国内 A 股上市的高铁公司

中国北车股份有限公司（China CNR Corporation Limited）

法人代表：崔殿国

上市代码：601299. SH

公司主页：www. chinacnr. com

行业：城市轨道交通、工业机械制造

低碳业务亮点

中国北车股份有限公司（以下简称"中国北车"）是经国务院同意，国务院国资委批准，由中国北方机车车辆工业集团公司联合大同前进投资有限责任公司、中国诚通控股集团有限责任公司和中国华融资产管理公司，于 2008 年 6 月 26 日共同发起设立的股份有限公司，总部设在北京。

中国北车开发实力雄厚，取得了一大批国家级重大科研成果。在首批"十一五"国家科技支撑计划重点项目立项中，承担了轨道交通运输装备所有自主研发项目。中国北车现拥有两个国际领先的动车组技术平台，CRH5 动车组批量投入运营，CRH3 动车组创造了时速 394. 3 公里的"中华第一速"，成为奥运配套交通的重要运输工具，也成为京沪高速铁路的主力车型。此外，中国北车还拥有国际领先的三个产品系列的大功率交流传动电力机车技术平台，和谐 2 型、和谐 3 型电力机车大批量投入运营，占和谐型电力机车总量的 70% 以上，担当了大秦、京沪、京广等重要线路的牵引任务；具有国际领先水平的国内首台国产化和谐 3 型大功率交流传动内燃机车成功下线；两个国际领先水平的大型养路机械项目也落户北车。

中国北车的主营业务为铁路机车车辆（含动车组）、城轨车辆、工程机械、机电设备、环保设备、相关部件等产品的研发、制造、修理及技术服务、设备租赁等。

近年来，国家不断强化轨道交通运输基础设施建设，为公司提供了良好的发展平台。我国目前已建高铁和在建高铁里程均居于世界先列，中国北车凭借其动车、机车和城轨三项主要业务，迎合国家发展政策，吸引了大量的投资。2010年公司实现总营业收入621.8亿元，同比增长53.48%；净利润19.1亿元，同比增长45.12%，业务收入主要来源于轨道交通装备制造业务。中国北车2010年在动车业务上即实现收入11.7亿元，占总营业收入的18.78%。城轨地铁收入5.2亿元和机车车辆收入14.9亿元，分别占总营业收入的8.30%和23.99%。

在动车、城轨交通和机车车辆的生产方面，中国北车在国内绝对占领着首要地位。中国首辆CRH380新一代高速动车组在中国北车下线、"和谐号"380系列动车组进入量产阶段。国内首条城际地铁项目——广佛线用车下线。沙特麦加地铁、泰国BTS地铁、中国香港地铁、伊朗玛莎德轻轨等5个项目完成试车。中国北车新一代大功率交流传动客货通用HXD3C型电力机车运行稳定、性能优越。出口新西兰的CKD9B型窄轨内燃机车批量交付，中国北车机车产品首次进入发达国家市场。轴重26.5~30吨大轴重货车和160~200千米/小进快捷货车列入国家《重大技术装备自主创新指导目录》。适应国际市场需求，完成澳大利亚煤炭漏斗车等21种货车产品的开发。研制国内首列LZC-800型路基处理车，形成路基处理车、钢轨打磨车批量制造能力。

中国北车致力于打造四大产业：轨道装备产业、机电装备产业、工程装备产业和现代服务产业。为此，中国北车制定了配套的"三步走"发展目标：第一步，三年再造一个北车，到2011年实现销售收入700亿元；第二步，四年时间再翻一番，到2015年实现销售收入1400亿元；第三步，2020年前进入世界500强。

投资要点

优势：

（1）受益于国家的大规模铁路建设，手持订单充足。

（2）动车组业务有望爆发。

（3）货运及城轨市场前景广阔。

（4）技术优势较强。

劣势：

（1）中国铁路建设规模或低于预期。

（2）产品的主要销售对象是铁道部，公司议价能力相对较弱。

晋西车轴股份有限公司（Jinxi Axle Company Limited）

法人代表：李照智

上市代码：600495.SH

公司主页：www.jinxiaxle.cn/

行业：交通运输设备制造

低碳业务亮点

晋西车轴股份有限公司（以下简称"晋西车轴"）是 2000 年经原国家经贸委批准发起设立的股份有限公司。2004 年 5 月公司在上海证券交易所上市发行。晋西车轴公司全资拥有晋西铁路车辆有限责任公司和包头北方锻造有限责任公司。截至 2010 年 12 月 31 日，公司拥有总资产 20.7 亿元，净资产 13.9 亿元。公司占地面积 28 万平方米，拥有各类主要生产设备 2662 台（套）。

晋西车轴是铁路车轴行业的龙头企业，主要从事铁路车辆、车轴、轮对、转向架等产品的生产销售及自营进出口业务。其中车轴是公司竞争力最强的产品，目前产能超过 16 万根，在行业内具有领导地位，国内市场占有率达到 50%。

晋西车轴是国内唯一一家参与国家立项高速列车国产化研发项目的

车轴制造厂，公司已经掌握了高速铁路车辆车轴的生产技术。在其下游铁路货车市场上，随着中国铁路客运专线逐渐投入运行，国内铁路货运需求较快恢复，公司的整体经营状况明显回升。2010 年，晋西车轴控股的北方锻造车轴产能达到 8 万根。目前公司拥有包头和太原两条车轴生产线，前者生产通用车轴，后者主要生产专用车轴，公司计划 2012 年在太原投产第三条生产高端产品的生产线。预计到"十二五"末，晋西车轴产能将达到 25 万根，其中包头达到 8 万根通用生产线，太原 17 万根高端生产线。

2010 年公司总营业收入为 17.37 亿元，同比增长 15.06%，净利润0.44 亿元，同比增长 38.41%。其中铁路货车和铁路车辆配件业务收入增长明显。公司未来业务增长亮点主要是高铁动车组进口替代方面，随着中国动车组国产化比例的进一步提升，对车轴的需求将进一步加大，作为行业内龙头企业，晋西车轴在技术上和规模上都优于竞争对手，计划在 2013年实现动车组车轴量产。

投资要点

优势：

（1）铁路车轴行业龙头企业。

（2）国内唯一一家参与国家立项高速列车国产化研发项目的车轴制造厂。

劣势：

（1）中国铁路建设规模或低于预期。

（2）高铁车轴项目仍具有较大不确定性。

株洲时代新材料科技股份有限公司（Zhuzhou Times New Material Technology Co.，Ltd.）

法人代表：曾鸿平

上市代码：600458.SH

公司主页：www.trp.com.cn

行业：轨道交通配件、风电叶片设计与制造

低碳业务亮点

株洲时代新材料科技股份有限公司（以下简称"株洲时代新材"）坐落在湖南株洲国家高新区，为"湖南省重点高新技术企业"，前身为株洲电力机车研究所橡胶试验室，1994年成立株洲时代橡塑实业有限责任公司，1998年改制为股份有限公司，2002年12月在上海证券交易所成功上市。

公司主要从事减震降噪产品、高分子复合改性材料和特种涂料及新型绝缘材料三大系列产品的研制开发、生产、销售和服务，产品广泛应用于铁路、城市轨道交通、汽车、工程机械、工业装备、军事、化工等行业。公司ISO9001和QS9000质量体系运行完善，连续三年获得美国GE公司最佳供应商称号；是庞巴迪公司（Bombardier）战略供应商；并通过ALSTOM公司资格审查。

株洲时代新材的主营业务包括铁路高分子减震降噪弹性组件、绝缘制品及涂料、特种工程塑料制品、复合材料制品、电磁绝缘产品等。总体而言，公司业务覆盖了轨道交通和风电产业两大板块。

公司铁路系统的产品占据较大比例。"十二五"期间，我国铁路计划投资约30000亿元，高铁基础建设占40%~60%，机车及配件制造占10%~15%，约5000亿元。随着铁路建设的持续增长，动车、重载货车弹性组件需求量必然增加，而公司主要生产和销售轨道交通装备和线路用高分子减震降噪弹性组件，是目前我国唯一能够出口供应国际整车制造商同类型动车组弹性组件的国内供应商，2010年公司已经就该产品在铁道部进行全面实验。公司在国内已具有较大的知名度和品牌优势，处于领先地位，而且与国外品牌相比又具有一定的价格优势，从内外市场而言，公司都占据了有利地位。

风电板块方面，业务增长主要来自于绝缘电磁产品。风电板块是时代新材的又一主力业务，2010年公司风电业务收入同比增长161%。2010年，中国风电装机量超过美国跃居全球第一，中国可开发风能总量约有7亿千瓦～12亿千瓦，国家正大力推进大型风电基地建设，尤其是海上风电开发建设。"十二五"期间，国内预计装机容量在900万千瓦～1300万千瓦。公司自2006年与国防科大签订了关于风电叶片技术联合研发的排他性战略合作协议以来，投入了大量经费，与其联合申报了国家"863"高科技项目"大尺寸复合材料风电叶片RTMAVIP就地制造技术"。2008年引进了德国Aerodyn公司叶片制造技术，目前，公司在风电叶片制造领域已经建立了产学研合作共赢的科研开发体系，产品制造技术达到国内领先水平。

随着公司生产经营规模的迅速扩大，2011年公司将集中资本性投入，加强效益管理，不断挖掘内部潜力，坚持产业结构的持续优化。公司所处的行业属于国家七大战略性新兴产业之一的新材料领域，因此公司在轨道交通市场和风电行业占据一席之地的同时，将根据新材料的"同心多元化"发展模式，进一步扩大市场占有率，预计2011年实现营业收入30亿元，争取达到34亿元。

投资要点

优势：

（1）轨道交通装备和线路用高分子减震降噪弹性组件技术国内领先。

（2）风电叶片制造在国内具有技术优势。

（3）汽车零部件领域发展潜力较大。

劣势：

（1）中国铁路建设规模或低于预期。

（2）部分新产品研发进度和铁道部认证进度或不达预期。

成都市新筑路桥机械股份有限公司

法人代表：黄志明

上市代码：002480. SZ

公司主页：www. xinzhu. com

行业：铁路、公路桥梁功能部件制造

低碳业务亮点

成都市新筑路桥机械股份有限公司（以下简称"新筑股份"）成立于
2001 年，位于四川新津工业园区，注册资金 14000 万元，员工 3000 余人。
公司主要从事桥梁支座、预应力锚具、桥梁伸缩装置等公路铁路桥梁功能
部件产品和多功能道路材料摊铺机、挖掘机、搅拌设备、铣刨机、橡胶沥
青设备等路面施工养护机械设备的研发、生产、销售和服务。

公司为高新技术企业、四川省重大装备企业，建有省级企业技术中
心，2006 年在同行业中率先通过了中铁铁路产品认证中心 CRCC 认证。公
司产品达到国内领先技术水平，广泛应用于国内外铁路、公路、机场、水
利及市政等工程，客户遍布全国各地及东南亚、中东、非洲和俄罗斯等国
家和地区，备受各界高度赞誉。

新筑股份主营业务范围覆盖了铁路、公路桥梁专用功能部件的设计制
造，建筑用金属结构设计制造，铁路机车车辆配件和铁路专用设备及配件
的设计制造等。目前，公司是国内桥梁功能部件行业中拥有 CRCC 认证产
品品种最齐全、产业链最完整的企业之一，为客户提供从产品研发、设计
生产到现场售后的全程服务方案。

公司拥有多项专利技术，大部分产品处于国内同行一流水平，具有领
先的技术优势。公司与中国中铁、中国铁建所属的二十五个工程集团，中
交、中水、中建所属各公司均有长期业务合作关系。因公司主要产品为铁
路、公路桥梁功能部件，主要用于铁路与公路建设中的桥梁建设部分，受
益于中国轨道交通大发展的潮流，中国轨道交通投资力度不断加大，预计
到 2012 年，桥梁功能部件整体市场年增长率将达到 30% 以上，因此公司

的产品具有广阔的市场前景。

目前，公司的盆式橡胶支座产能为 6 万座/年，2010 年公司营业收入近 14 亿元，比 2009 年增长 36.5%，实现营业利润 1.4 亿元，同比增长 24.48%。其中占公司收入 60% 的铁路桥梁功能部件实现营业收入达 10 亿元，同比增长了 26.68%。2011 年，在利好政策下，公司结合实际情况，将业务发展方向定位于桥梁功能部件、交通环保类产品、混凝土机械、路面施工及养护机械四大方面，不断加大研发投入及扩充研发团队，充分利用公司资源和影响力，利用先期研发形成的领先技术和资金优势，拓展新业务、实现公司高速发展。

投资要点

优势：

（1）在国内铁路铁路、公路桥梁功能部件领域，技术领先。

（2）在铁路桥梁支座市场保持占有率 2007 年居行业第一、2008 年和 2009 年居行业第二。

劣势：

（1）中国铁路建设规模或低于预期。

（2）质量控制风险。

第三节　智能电网

现时，人们在日常生活中已经离不开电力，而发电厂将发出来的电传输到用电的设备就要通过电网。一般来说，电网是指在电力系统中，联系发电和用电的设施及设备的统称。随着人类使用电力规模的日益扩大，尤其是间歇性的新能源（如太阳能、风能）发电规模迅速扩展，传统的电网日益显示出安全性低、低效率、可控性差等弱点。于是世界各国相继提出了下一代电网——智能电网的概念。

智能电网，即电网的智能化，也被称为"电网2.0"。美国将智能电网定义为一个由众多自动化的输电和配电系统构成的电力系统，以协调、有效和可靠的方式实现所有的电网运作，具有自我治愈功能；能快速响应电力市场和企业业务需求；具有智能化的通信架构，实现实时、安全和灵活的信息流，为用户提供可靠、经济的电力服务。

智能电网的目标

根据美国国家能源技术实验室总结出来的智能电网6个主要目标：

1. 让电网系统更加可靠。一个可靠的电网系统不管在何时何地都能提供足够的电力，同时它会在用电量攀升的时候提出警告，也会在电路发生故障之前意识到问题然后采取正确的措施来保护大部分电器。

2. 让电网更加稳定。智能电网可以经受物理上或者电流上的冲击，同时避免大规模的断电或者停电损耗，减少天灾对电网的影响，例如暴风、热浪，或者是地震等。

3. 让电网更加经济适用。

4. 让电网更加有效率。智能电网可以通过经济手段对用户的用电进行调节，减少输电量，平分电量损失，实现最终的电量资源最大化利用。同时智能电网可通过控制电流来减少输电阻塞，亦能自动接入低成本的电源或者新能源发电的电源，从而使智能电网达到更高的效率。

5. 让电网更环保。智能电网能使清洁能源（例如风电、太阳能发电）更好地接入电网及存储，以达到环保的目的。同时智能电网将占更少的用地面积以减少对环境影响。

6. 让电网更安全。智能电网不会对公共人群或者电网工作者带来任何伤害，同时发生意外时会灵敏反应保护用户。

中国智能电网发展计划

中国的智能电网计划是国家电网公司2009年5月21日首次公布的，主要内容有：中国将建立以坚强网架为基础，以通信信息平台为支撑，以智能控制为手段，包含电力系统的发电、输电、变电、配电、用电和调度各个环节，覆盖所有电压等级，实现"电力流、信息流、业务流"的高度一体化融合，坚强可靠、经济高效、清洁环保、透明开放、友好互动的现代电网。坚强智能电网的主要作用表现为，通过建设坚强智能电网，提高电网大范围优化配置资源能力，实现电力远距离、大规模输送，满足经济快速发展对电力的需求。

规划分为三步。2009~2010年是进行规划试点阶段，主要是制定发展规划、技术和管理标准，进行技术和设备研发，及各环节试点工作；2011~2015年开始全面建设阶段，加快特高压电网和城乡配电网建设，初步形成智能电网运行控制和互动服务体系，关键技术和装备实现重大突破和广泛应用；2016~2020年为引领提升阶段，全面建成统一的"坚强智能电网"，技术和装备全面达到国际先进水平，总投资规模将超过两万亿人民币。

目前各国对于智能电网的定义尚未完全统一，我们认为对智能电网的定义可以有广义和狭义之分。广义的智能电网包括发电、输配电、用电的整个环节，前文提到的新能源中的风力发电、光伏发电，新能源汽车中的电动汽车及充电站皆包括在广义的智能电网范畴之中。而狭义的智能电网，仅仅是指输配电环节和智能社区，本书的智能电网就是指狭义的。

狭义的智能电网具体来说包括智能变电站、FACTS装置、配电自动化、特高压输电、设备状态监测及智能电表等。结合目前中国智能电网投资机会，本章将重点介绍特高压输电、智能电表两方面。

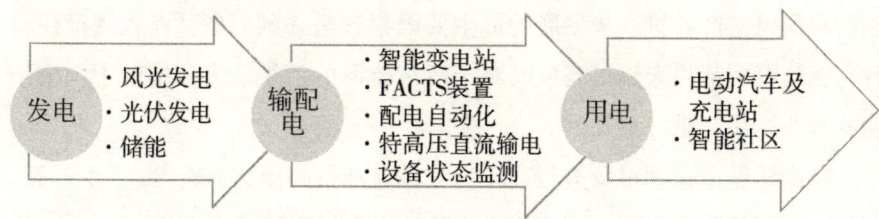

图4-5 智能电网分类

资料来源：智信中国低碳投资管理有限公司

特高压输电

中国的能源资源主要集中在西、北部地区，如风能、太阳能、2/3的煤炭资源分布在西北部，水电资源4/5分布在西南地区；而中国的用电负荷区域则主要集中在东部沿海。通过建设高效、节能的特高压输电网，将西、北部地区丰富的能源以电力的方式输送到东部经济发达地区，目前来看，将是解决中国能源资源与负荷中心在地理上分布不均衡的最主要手段。

特高压输电指的是正在开发的1000千伏交流电压和±800千伏直流电压输电工程和技术。使用特高压输电的目的是提高电网的输电能力，而理论上要提高电网的输电能力（即输电功率，等于电流和电压的乘积）可以通过提高电流或者提高电压的方法，而若电流太大会引起电线发热、损耗太多，于是不断升高电压就成为提高输电效率的方法。

特高压输电具有明显的经济效益。例如，1条1150千伏输电线路的输电能力可代替5~6条500千伏线路，或3条750千伏线路；可减少铁塔用材 1/3，节约导线 1/2，节省包括变电所在内的电网造价 10%～15%。1150 千伏高压线路走廊约仅为同等输送能力的 500 千伏线路所需走廊的四分之一，这对于人口稠密、土地宝贵或走廊困难的国家和地区会带来重大的经济和社会效益。

同时特高压输电网建设将加强区域互联，扩大清洁能源的消纳范围和消纳能力，有利于风电、光伏产业等清洁能源的发展。以风电为例，目前制约我国风电产业进一步发展的最主要因素就是并网问题，而大规模建设特高压输电网就将大幅提高电网对于清洁能源的消纳能力，推动中国清洁能源产业更快、更好地发展。

特高压输电技术可分为特高压直流输电和特高压交流输电。"十二五"期间，中国特高压直流、交流输电线路均将大规模建设。

1. 特高压直流

预计"十二五"期间 ±800 千伏特高压直流投资将达 2000 亿元。根据国网公司的规划，预计在"十二五"期间将有 9 条 ±800 千伏特高压直流线路投运，另外有 2 条 ±800 千伏直流线路将于 2016 年投运，因此也将在"十二五"期间开工。如果这两条线路 50% 按交货投资测算，则"十二五"期间 ±800 千伏特高压直流线路将达 2080 亿元。这不包括 ±400 千伏和 ±660 千伏超高压直流线路，如果考虑 ±400 千伏和 ±660 千伏超高压线路投资，则投资将更大。见表 4 – 12。

表 4 – 12　"十二五"期间直流工程投资表

序号	直流工程	起点	落点	输送容量（万千瓦）	长度（公里）	投资（亿元）	投产时间
1	向家坝—上海	向家坝	奉贤	640	1905	233	2010 年
2	锦屏—江苏	锦屏	苏南	720	2100	214	2012 年
3	宁东—浙江	宁东	绍兴	720	1700	195	2012 年
4	溪洛渡—浙江	溪洛渡	浙西	720	1700	194	2013 年

续表

序号	直流工程	起点	落点	输送容量（WKV）	长度（公里）	投资（亿元）	投产时间
5	呼盟—山东	呼盟	德州	720	1600	189	2014 年
6	哈密—河南	哈密	郑州	720	2400	230	2014 年
7	蒙西—江西	蒙西	新余	720	1600	190	2015 年
8	酒泉—江苏	酒泉	泰州	720	2450	230	2015 年
9	淮东—河南	淮东	豫北	720	2800	245	2015 年
10	蒙古—山东	蒙古	寿光	720	1500	180	2015 年
	"十二五"合计					1867	
11	哈密—山东	哈密	山东	720	2700	240	2016 年
12	锡盟—无锡	锡盟	无锡	720	1700	195	2016 年
13	西藏—重庆	西藏	重庆	720	1500	185	2019 年
14	白鹤滩—湖北	白鹤滩	鄂东	720	1450	185	2020 年
15	白鹤滩—湖南	白鹤滩	衡阳	720	1300	177	2020 年
16	蒙古—京津唐	蒙古	霸州	720	1500	185	2020 年
17	俄罗斯—辽宁	俄罗斯	辽宁	720	1500	185	2020 年
	合计					3219	

2. 特高压交流

根据国家电网规划，到 2015 年"三华"地区特高压电网将形成"三纵三横一环网"，届时锡盟、蒙西、张北、陕北能源基地通过三个纵向特高压交流通道向"三华"送电，北部煤电、西南水电通过三个横向特高压交流通道向华北、华中和长三角特高压环网送电。其中三纵分别是：锡盟—南京、张北—南昌、陕北—长沙；三横分别是：蒙西—潍坊、晋中—徐州、雅安—皖南 3 个横向输电通道；此外，还将建设淮南—南京—泰州—苏州—上海—浙北—皖南—淮南长三角特高压双环网。预计在"十二五"期间将新建特高压变电站 37 座，特高压交流预计总投资将达 3080亿元。

智能电表

传统的老式电表必须由工作人员每月读取，且仅能给出当前的用电总量，无法给出某天某时段的具体用电数据，配合电网公司实现优化管理上不能做到至善至美。智能电表则可以实现电表自动读取（ARM），有效减少电网公司员工上门读取电表数的成本。尤其最新的通常被称为新型电表基础设施（AMI）的双向电表系统，可以实现由输电管理公司通过检测用户的用电信息，参考电力供应情况，制定可变的电价时间表，为用电户量身制作电力使用方案，结合智能家电设备，最大限度减少消费者的用电总量和总电费。目前各国准备大力发展的智能电网中的智能电表皆是定位于新型电表基础设施（AMI）。

智能电表是用电实现"需求响应"的重要一环。"需求响应"是指需求对价格做出反应，应用在电网中就是，电力消费者用电量随着电价的变化而做出变化。之所以需要"需求响应"主要有两方面原因：

第一，由于电力需求市场极不稳定，一般来说，电力需求白天较高而夜晚则相对偏低，不同时段用户对于电力的需求差距较大，通过对不同时段的用电价格进行调整，可以有效地将一些不是必需的用电需求从用电高峰期转移到用电非高峰期。例如：家庭消费者可以将洗衣机、干衣机的使用时间调整到夜间的非高峰期使用。

第二，由于目前大规模推广的新能源中的风电、太阳能发电等皆是间歇性能源，电力供给上同样存在波动性，通过储能方式来解决存在成本高、损耗高等缺点，采取"需求响应"的方式，可以在电力供应相对充足时，调低电价以促使使用者更多地使用电力设备，从而使能源利用更加高效率，降低成本。

传统电表由于无法精确统计使用者用电情况及适时接受电价信息，故而无法实现"需求响应"。而智能电表能够精确记录用户的用电情况，并通过接受供电公司的价格信息，从而对用户用电情况进行合理分配，务求达到"需求响应"。

智能电网相关上市公司简介

中国香港上市的智能电网公司

威胜集团有限公司（Wasion Group Holdings Limited）

主席：吉为

上市代码：03393. HK

行业：智能电网

公司网页：www. wasion. com

低碳业务亮点

威胜集团有限公司（以下简称"威胜集团"）是中国领先的能源计量设备、系统和服务供货商，于2005年12月在中国香港主板上市，2009年集团实现销售逾15亿元，缴纳税收过亿元，产品目前已出口至十多个国家。

威胜集团主营业务为电子电能表及电能量数据采集终端，电子电能表中工厂用的三相电子电度表占总营业额的44%，其余为家用的单相电子电度表占26%，电能量数据采集终端占23%。2009年销售三相电能表及单相电能表的营业额分别达人民币47147万元及人民币28396万元，分别较上年增长2%及7%。电能量数据采集终端收入达人民币24969万元，较2008减少9%，而水、燃气及热能表增长最快达到25%，收入达人民币7305万元。

威胜集团2009年总营业额只增长2%，主要是因为国家电网坚定计量架构（"AMI"）项目搁置带来的影响。但是"十二五"中国智能电网发展模式和实施方案将推出，将全面覆盖水、电、气与热力的智能电网，而威胜集团可以全面提供这些领域的产品。同时海外市场方面，与美国和日本的AMI技术合作项目发展顺利，研发的ANSI产品通过美国验证。

预测"十二五"期间中国将推进资源性产品价格和环保收费改革，其中居民水、电价实施阶梯价格改革，阶梯水价实施的最大障碍在于入户计量，即如何准确地计量每户用水量及抄表结算，而智能水表则可解决这个问题；尤其北方地区集中供暖现在实行分户计量改革，以及推广管道燃气的使用，也需要用到大量热量表和智能燃气表；加上智能电表也将在"十二五"期间大规模推广，威胜集团未来业绩可期。

投资要点

优势：

（1）智能电表业务受惠于国家"十二五"规划。

（2）公司研发实力较强。

（3）水、燃气及热能表业务扩展迅速。

风险：

（1）依赖主要客户。

（2）中国智能电网进度的不确定性。

（3）海外市场竞争激烈。

中国泰坦能源技术有限公司技术有限公司（TITANS ENERGY&ELECTRONICTECH. CO. LTD.）

主席：李欣青

上市代码：02188. HK

行业：智能电网

公司网页：www. titans. com. cn

低碳业务亮点

泰坦能源全称为"中国泰坦能源技术集团有限公司"，包括珠海泰坦科技股份有限公司、珠海泰坦自动化技术有限公司、珠海泰坦新能源系统有限公司、北京优科利尔能源设备公司等企业，公司成立于1992年9月，总部设在珠海市石花西路泰坦科技园。

泰坦能源的主要业务是生产电力直流产品系列，及代理销售 PASS（插接式开关系统）产品（一种输电断路器）并提供所需安装及测试服务。另外集团还生产电网监测与治理装置、风能及太阳能发电平衡控制产品、电动汽车充电设备、大功率 LED 照明产品等。涉及的低碳行业包括智能电网、电动车和绿色照明。

泰坦能源的智能电网业务是公司的主营业务，其中电力直流产品系列、PASS 产品、电网监测与治理装置分别占其 2009 年销售收入的60.4%、21% 及 7.5%。集团的主要客户来自电力行业，包括发电厂、变电站及电网公司等。泰坦能源是中国电力直流产品市场的领导生产商之一，竞争优势较强，随着国家加大智能电网的投入，公司产品市场前景广阔。

随着国内电动车市场的迅速发展，泰坦能源凭借与相关的电网公司、政府机构及电池或汽车生产厂家的良好业务关系，集团生产的电动汽车充电设备已运用于北京奥运会和上海世博会，该项业务占集团 2009 年销售收入的7%。展望后市，由于中国电动车充电站需求量巨大，该项业务有望成为泰坦能源的新业务增长点。

此外，集团的大功率 LED 照明产品主要侧重于路灯建设，2009 年占其销售收入的4%。

投资要点
优势：
（1）智能电网业务可望全面受益于国家智能电网建设。
（2）公司研发实力较强。
（3）与下游客户的长期良好关系，有利于公司电网及电动车充电站业务拓展。
（4）电动车充电站业务发展潜力巨大。
风险：
（1）智能电网建设进度或低于预期。
（2）应收贸易账款及应收票据的周转期较长。

（3）依赖主要客户。

（4）行业竞争激烈，未来将面对国内、外的双重竞争。

国内 A 股上市公司

保定天威保变电气股份有限公司（Baoding Tianwei Baobian Electric
Co., Ltd.）

法人代表：丁强

上市代码：600550.SH

行业：变压器、风电整机、风电叶片、薄膜太阳能电池、多晶硅

公司主页：www.twbb.com

低碳业务亮点

保定天威保变电气股份有限公司（简称"天威保变"）位于河北省中部，北靠首都北京，东临海滨城市天津，南接河北省会石家庄，处于"京津石"三角地区的中心位置，铁路、公路四通八达，海运、空运极具优势。

天威保变秉承并发展了原保定变压器厂主要优良资产和大型变压器科研成果及产品品牌，已实现国有股份制改革并成为沪市 A 股上市公司。公司大力发展变压器、太阳能光伏发电、风力发电设备以及其他输变电产业。目前，公司已成为 1000 千伏级及以下各类变压器、互感器、电抗器、太阳能电池、风力发电设备、高压套管、变压器专用设备以及 IT 技术等多产业的综合经济实体。

公司研发出多台具有国际先进水平、在中国变压器发展史上名列"第一"的变压器产品，成为变压器单厂产量世界第一、拥有变压器行业核心技术最齐全的企业，被列入国家 1000 兆瓦及以下火电机组、水电机组和 750 千伏及以下变电站（所）主要设备重点生产厂家。

天威保变是国内最大的电力设备变压器生产基地之一，大型发电机组主变压器占国内产量的 45% 左右。同时，天威集团还提出"双主业发展战

略"，全面进入和发展新能源产业，涉及太阳能、风能领域。

2010年公司营业收入76.3亿元，同比增长26.96%。其中，变压器产量8451万千伏，风电整机产量114台、风电叶片产量521片、薄膜电池产量30兆瓦、多晶硅实现年产1268吨，新能源成为本年度业绩增长的主要来源。公司主要通过参股、控股子公司从事新能源业务，如多晶硅、单晶硅、薄膜太阳能电池及配套产品、风机叶片和相关设备等。

目前公司控股或参股得多晶硅公司包括：天威四川硅业（控股51%，产能3000吨，）、乐山乐电天威硅业（持股49%，产能3000吨）、四川新光硅业（持股35.66%，产能1260吨）。此外，公司参股25.99%的天威英利是国内最大的光伏生产企业之一，在铸锭、切片、电池和组件各个环节都具备了年产400兆瓦的能力。

公司的风电业务也在突飞猛进，形成了适应多种环境的产品系列。2010年公司即向澳大利亚CBD公司交付了26台1.5兆瓦风机。公司的风电叶片产品全部取得GL认证并实现规模化生产。

投资要点

优势：

（1）国内最大的电力设备变压器生产基地之一，最为受益特高压电网建设。

（2）太阳能项目在国内上市公司中领先。

（3）风电相关业务发展迅速。

风险：

（1）除变压器外，太阳能、风能等领域中公司并非一线厂商。

（2）太阳能薄膜电池业务前景不明。

（3）智能电网建设进度或低于预期。

国电南瑞科技股份有限公司（NARI Technology Development Limited Company）

　　法人代表：肖世杰

　　上市代码：600406.SH

　　公司主页：www.naritech.cn

　　行业：计算机应用服务业

低碳业务亮点

　　国电南瑞科技股份有限公司（简称"国电南瑞"）成立于2001年2月28日，是由南京南瑞集团公司作为主发起人，以南京南瑞集团公司下属三家分公司的资产经过重组，联合其它七家战略投资者共同发起设立。2003年9月24日在上海证券交易所上市。公司目前是国家电网公司旗下三个上市公司之一，2006年完成股权分置改革工作。国电南瑞下设电网控制、系统控制、工业控制和农村电气化四家分公司，以及南京中德保护控制系统有限公司和国电南瑞（北京）控制系统有限公司两家子公司。国电南瑞作为专业从事电力和工业控制自动化软硬件开发及系统集成服务的高科技企业，主要为客户提供电网调度自动化、变电站自动化、轨道交通及电气保护自动化、电力市场技术支持、电能量计量计费、配电自动化、农电自动化、火电厂及工业控制自动化等专业的全方位解决方案。

　　公司在国内电力自动化行业占据领先地位，是国内电力系统自动化领域产品涵盖最丰富、门类最齐全的企业之一，在电网调度、变电站监控、农网等自动化领域市场占有率均排名第一。主营业务包括电网调度自动化、电力市场商业运营系统、变电站保护及综合自动化、农电/配电自动化及终端设备、火电厂及工业控制自动化、用电自动化及终端设备、电气控制自动化、轨道交通保护及电气自动化等产品的软硬件开发、生产、销售及与之相关的系统集成服务，其中用电自动化及终端设备为新增业务。2010公司总收入2.48亿元，净利润4.75亿元。

　　其中主要业务：变电站自动化涵盖了10千伏至500千伏电压等级变电站、开关站和集控站测控装置、变电站后台监控系统、集控站（控制中心）自动化系统、通信控制装置等，涉及线路、馈线、电容器、变压器、电抗器、电动机、发电机等装置和变电站单元。2010年营业收入7.72亿元，毛利率31.99%，

电网调度自动化系统针对包括网省调及地调等各级调度系统的数据采集与监视控制系统、能量管理系统、广域向量数据采集和分析系统，为电力系统安全稳定协调运行提供保障。2010年营业收入6.62亿元，毛利率42.22%。

轨道交通电气、保护自动化系统包括电气化铁路、地铁、轻轨等城市轨道交通的综合监控、电力监控、机电设备以及环境监控系统，实现对轨道交通系统的监测和控制，保证其安全稳定运行。2010年营业收入4.35亿元，毛利率20.47%。

农村电网自动化包括配网调度自动化、配网自动化、集控站监控、电量计费、调配一体化系统、故障录波系统、微机防误操作闭锁系统、同步相量测量控制、配电网自动化终端以及新一代整合型配电自动化系统。2010年营业收入2.60亿元，毛利率35.05%。

另外，公司2011年起，充电设备发展方向由原来的充电设备改为主攻换电设施为主，充电站为辅，全部拥有自主知识产权，换电站已有订单。2011年国家电网计划建成电动汽车充换电站144座，建设计划相比去年的75座充换电站大幅增长，而"十二五"期间国家电网计划建设充换电站2351座，市场空间巨大。

投资要点

优势：

（1）国家电网旗下上市公司，国内电力自动化行业占据领先企业，最为受益智能电网建设上市公司。

（2）轨道交通自动化领域前景巨大。

（3）汽车充电站方面业务潜力巨大。

风险：

智能电网建设进度或低于预期。

特变电工股份有限公司（TBEA Co., Ltd.）

法人代表：张新

上市代码：600089.SH

公司主页：www.tbea.com.cn

行业：输配电及控制设备制造业

低碳业务亮点

伴随改革开放的伟大进程，围绕"输变电高端制造、新材料、新能源"国家三大战略性新兴产业，特变电工股份有限公司（以下简称"特变电工"）现已发展成为我国输变电行业的龙头企业，我国最大的电子铝箔新材料基地、大型太阳能光伏系统集成商。变压器年产能达 2 亿 KVA，位居亚洲第一位，世界前三位。公司在新疆、四川、湖南、天津、山东、辽宁、陕西等地建有十二个现代化的工业园区，形成了"以输变电产业为主导、新材料产业为支撑、新能源产业为亮点"的发展格局。

特变电工三大产业均是关系国民经济命脉和国家安全的关键领域；是国家中长期和"十二五"重大科技攻关的核心任务；是国家转变经济增长方式和加快经济结构调整，着力培育的新兴战略产业。目前，公司已承担起引领我国输变电、新能源、新材料三大高新技术产业升级换代的历史使命，成为自主创新体系建设的核心企业，国家级资源节约、环境友好型示范企业。

输变电主业：公司先后承担了世界首条 1000 千伏特高压交流晋东南—南阳—荆门试验示范工程，世界首条 ±800 千伏特高压直流云南—广州试验示范工程、世界输送容量最大的特高压直流 ±800 千伏四川—上海试验示范工程，百万千瓦田湾核电等十余个大型核电站，80 万千瓦糯扎渡等大型水电站，江苏大唐百万千瓦超临界及超超临界大型火电产品等一系列国家重点科技攻关研制任务。公司的产品广泛服务于全国 31 个省区的电网电源建设，变压器产品稳居两大电网、五大发电的市场占有率第一位，已成为我国能源产业的重要供应商。2010 年变压器业务实现收入 100.16 亿元，占主营收入 56.36%，毛利 27.69 亿元。

新能源产业：公司立足新疆，培育了从煤电到多晶硅，到硅片、太阳能电池组件及光伏电站完整的产业链，依靠技术创新，产业链建设不断降低成本，使这一清洁能源推广成为可能。10年来，公司为我国建设了3000多座太阳能离并网电站，解决了新疆、西藏等偏远地区近百万农牧民的饮水和照明问题。2010年光伏业务实现收入26.73亿元，同比增长81.18%。同时毛利率达到6.58%。2010年底1500吨多晶硅生产线已达产，二期工程将扩大到3000吨规模；同时，公司在西安建设100兆瓦硅片的项目，2月6日100兆瓦硅片扩产项目中第一根单晶硅棒成功出炉，公司的光伏产业链逐步完整。2010年新能源业务实现收入26.73亿元，占主营收入15.04%，毛利1.76亿元。

新材料产业：目前已形成"高纯铝—电子铝箔—电极箔"电子新材料循环经济产业链，产品全面替代进口，为我国国防、军工、航空、航天、大飞机制造、电子信息产业、高速铁路客车及电动汽车等事关国家安全、国计民生的重大产业发展，提供新材料的保障，同时实现向美国、日本、韩国、欧洲等原产地的出口。

投资要点

优势：

（1）公司变压器业务受惠特高压电网及海外工程。

（2）光伏项目产能将逐渐释放。

（3）煤炭业务潜力巨大。

风险：

（1）国际业务涉及的汇率风险。

（2）智能电网建设进度或低于预期。

荣信电力电子股份有限公司（Rongxin Power Electronic Co.，Ltd.）

法人代表：张新

上市代码：002123.SZ

公司主页：www.rxpe.com

行业：输配电及控制设备制造业

低碳业务亮点

荣信电力电子股份有限公司（以下简称"荣信股份"）是国家重点高新技术企业，主要从事大功率电力电子设备研发、设计与制造业务，产品包括高压电网无功补偿设备、滤波器、串联补偿器、变频器、变流器等。全线产品可满足从发电、输配电到终端负载的系列应用需求，在提升电能质量、优化控制与节能降耗等方面为客户提供解决方案。

荣信股份是中国领先的大功率电力电子设备供应商，系列产品广泛服务于电力、冶金、煤炭、有色金属、电气化铁路、风力发电、船舶等领域。用户遍及中国，出口至德国、意大利、土耳其等欧洲国家，印度、越南、泰国等亚洲国家，尼日利亚等非洲国家以及巴西等南美洲国家，在国际享有盛誉。

公司主要经营电力电子产品业务，从 SVC 起家，产品线目前已经拓展至 SVG、滤波器串补、高压变频、光伏逆变器等，SVC、SVG 已经做大至国内市场份额第一。公司登陆 A 股市场以来，业绩一直表现优秀，公司最近几年业绩持续保持高增长，2009 年增速最低，也达到了 42% 以上，成长性良好。

2010 年度公司实现营业收入 13368920 万元，均为节能大功率电力电子设备制造业务，同比增长 44.97%；实现营业利润 20262.37 万元，同比增长 36.30%；实现净利润 26736.87 万元，同比增长 44.20%。其中，电能质量与电力安全产品营业收入为 7.71 亿元，占主营业务收入 57.7%，毛利率 45%；电机传动与节能产品营业收入 2.02 亿元，占主营业务收入 15.14%，毛利率 49.18%；余热余压节能发电系统业务营业收入 2.25 亿元，占主营业务收入 16.8%，毛利率 37.79%。

投资要点

优势：

（1）国内电力电子领先企业，受益智能电网建设。

（2）2011 年余热余压发电业务可望继续带动业绩增长。

（3）光伏逆变器、大容量变频器、SVG 业务潜力巨大。

风险：

智能电网建设进度或低于预期。

国电南京自动化股份有限公司（Guodian Nanjing Automation Co., Ltd.）

法人代表：王日文

上市代码：600268. SH

公司主页：www. sac－china. com

行业：输配电及控制设备制造业

低碳业务亮点

国电南京自动化股份有限公司（以下简称"国电南自"）是 1999 年 11 月 18 日在上海证券交易所上市的国家电力系统首家高科技上市公司，被誉为中国电力高科技第一股，现为华电集团直属子公司。

国电南自前身为南京电力自动化设备总厂，始建于 1940 年。新中国成立后，公司在电力自动化领域相继研究生产出中国第一代第二代静态继电保护产品，并创造过多个全国第一，被誉为中国电力自动化现代产品的开山鼻祖。

公司是南京市工业 50 强企业、国家火炬计划重点高新技术企业、十佳（中国）创新型杰出企业、国家电力自动化产业基地骨干企业，公司的产品荣获"中国名牌"称号。

公司主要业务领域有：电网自动化、电厂自动化、水利水电自动化、轨道交通自动化、工业自动化、信息与安防监控系统、土工与大坝安全监控系统、新能源与节能减排、水环境保护、智能一次设备等。

作为华电集团的 5 个上市公司之一和工程技术板块的重要组成部分，国电南自以"三足鼎立"的发展模式致力于打造电力自动化产业、新能源及节能减排产业、智能化一次设备产业三大业务板块，产业布局呈一体两翼，即以中国（南京）电力自动化工业园（国电南自总部新模范马路 38 号）为龙头，以国电南自（江宁）高新科技园、国电南自（浦口）高新科技园为两翼。公司在 2008 年 1 月定向增发成功之后，实现了上市公司和南自总厂的一体化整合，并进一步加强科技创新，提高产品质量，统一品牌，统一生产，使公司步入新的快速发展阶段。

2010 年公司各项经营指标再创历史新高，全年订货额达到 30.88 亿元，同比增长 35%。年度营业收入 237584.77 万元，与上年相比增长了 25.30%；实现利润总额 16614.06 万元，与上年相比增长了 17.05%；实现净利润 13747.20 万元，与上年相比增长了 20.71%，其中归属母公司的净利润达到 13340.57 万元，与上年相比增长了 49.36%。

电力自动化、新能源及节能减排、智能化一次设备是国电南自未来发展的支柱产业。

自动化产业：构建智能电网、数字化电厂、水利水电自动化、轨道交通自动化、工业自动化、信息与安防监控系统等产品和技术体系。

新能源及节能减排产业：构建风电、太阳能、核电等组成的新能源产品和技术体系；构建以电力电子技术为核心的变频调速、烟气除尘、化水处理、二氧化碳回收等组成的节能减排产品和技术体系。

智能一次设备产业：构建电子式互感器、智能开关、数字式变压器、一次设备在线监测等产品和技术体系。

投资要点

优势：

（1）电力自动化产品龙头企业，受益智能电网建设。

（2）母公司华电集团的支持，有利于其电厂自动化、新能源、节能减排业务迅速增长。

风险：

（1）市场竞争将更加剧烈。

（2）智能电网建设进度或低于预期。

第四节 绿色（节能）照明

自从人类开始使用电力以来，照明一直是电力消耗的大户，世界上近20%左右的电量被用作照明。然而，目前实际使用中的主要还是低效率的白炽灯泡，其90%的耗电能被用来发热而不是发光，由此浪费了大量的能源。因而发光效率高的以紧凑型荧光灯（CFL）和LED为代表的绿色照明产品市场规模近年迅速扩大。

世界各国政府已经认识到推广绿色照明在节能上的重大作用，纷纷出台限制传统白炽灯使用的政策。例如：澳洲到2010年逐渐禁用白炽灯泡；加拿大将从2012年起禁止销售白炽灯泡；日本将从2012年起禁止制造和销售高能耗的白炽灯泡；欧盟已于2009年9月开始禁止部分类型的白炽灯泡；美国将从2012年起禁用白炽灯泡。中国政府虽然目前尚未出台强制使用节能灯的举措，但同样已经开始通过补贴政策，大力推广节能照明产品的使用。2008年1月，中国财政部及发改委颁布《高效照明产品推广财政补贴资金管理暂行办法》（以下简称《办法》）。中国政府将向节能照明产品的大宗用户提供财政补贴，金额相当于每个单位投标价格或合同价格的30%。使用绿色节能照明产品的城市及农村住宅用户还将享有中央政府提供的一定金额的财政补贴，其金额相当于各照明产品投标价格或合同价格的50%。

近年来，世界及中国照明市场不断扩大。（见图4-6）据预测到2014年，世界照明光源产品需求将达390亿美元，中国市场亦将达到150亿美元。当中节能产品所占的比重将由2009年的35.9%增加至50%。节能照明产品在未来几年内，市场规模将不断扩大。

单位：百万美元

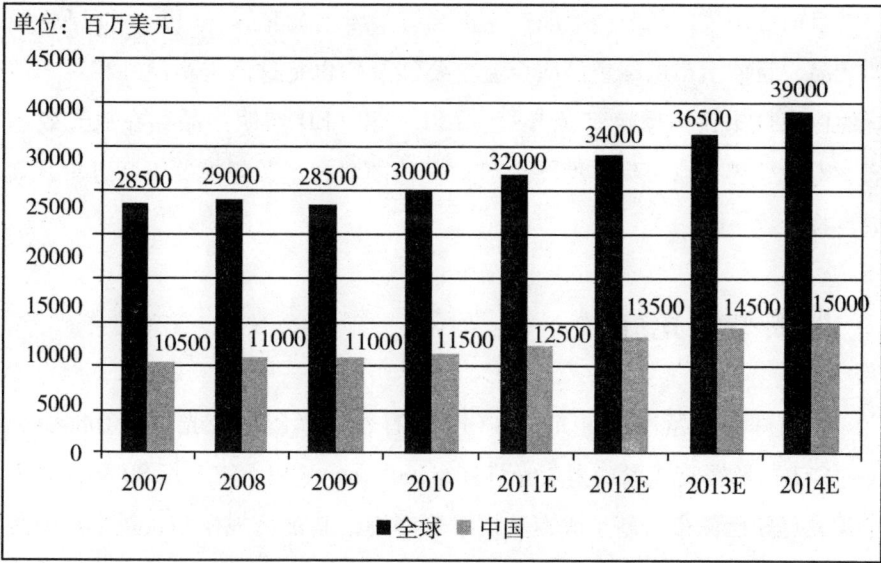

图4-6 2007～2014年全球光源产品需求预测

数据来源：Freedonia，智信中国低碳投资管理有限公司

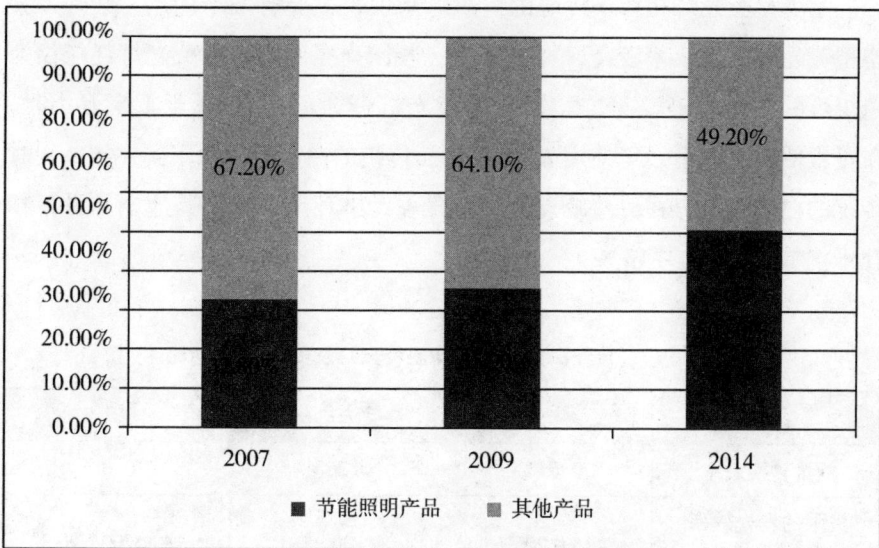

图4-7 2007～2014年估计中国对节能照明产品的需求

数据来源：Freedonia，智信中国低碳投资管理有限公司

目前应用较广的节能照明产品主要有紧凑型荧光灯（CFL）和LED照明产品，目前上市的绿色照明企业主要涉及的也是这两类产品。相对于传统的白炽灯来说，紧凑型荧光灯（CFL）和LED照明产品存在放光效率高、寿命长等特点，具体见图4-7。相信随着技术及规模的不断进步，其成本将持续下降。

紧凑型荧光灯

现在常见的紧凑型荧光灯（CFL）有管状紧凑型荧光灯（Tubular - type CFL）及螺旋式紧凑型荧光灯（Spiral - type CFL）。20纪90年代紧凑型荧光灯就已面市，基于成本及技术等制约，其销售规模一直较小。但是随着技术的不断进步及各国加大对节能灯的政策扶持，21世纪以来，紧凑型荧光灯市场规模迅速扩大。而由于目前LED灯价格仍然较高，紧凑型荧光灯是现时市场上最为主要的节能照明光源。

紧凑型荧光灯相对于传统的白炽灯来说，主要有两个优点。第一，紧凑型荧光灯发光效率较高，可达25%，相同光亮的紧凑型荧光灯耗能仅为白炽灯的20%左右。第二，紧凑型荧光灯寿命可达8000至1.5万小时，在正常使用条件下，可使用7~8年，而传统的白炽灯寿命不到一年。同时传统的白炽灯也存在一些缺点，如：含汞污染环境、易与其他电子设备相互干扰等。见表4-13。

表4-13　传统白炽灯与紧凑型荧光灯及LED产品对比

指标	白炽灯	荧光灯	LED
能量转换效率	0.05	0.25	0.6
极限的发光效率（流明/瓦）	15-20	100	200
寿命（小时）	1000	10000	80000~100000

指标	白炽灯	荧光灯	LED
特点	高效节能	显色性最好	发光效率高
	寿命长	发光效率低	显色性差
	低电压、安全性高	寿命短	易碎不牢固
	牢固、耐震动冲击	电压高	频闪对人体有害
	体积小、重量轻	不安全	含汞污染环境
	色彩丰富可调	易碎不牢固	
	环保无污染		
	回应时间短		

数据来源：智信中国低碳投资管理有限公司

LED 照明产品

LED（发光二极管），是一种能够将电能转化为可见光的固态的半导体器件，它可以直接把电转化为光。作为第三代半导体照明光源，LED 采用电场发光，突破了白炽灯钨丝发光与节能灯三基色荧光粉发光的原理，光谱几乎全部集中于可见光频段，具有能耗低、寿命长、光效高、无频闪、响应快、环保、抗震等一系列优点，被誉为 21 世纪新固体光源时代的革命性技术。

早在 20 世纪初，科学家就已经发现半导体二极管可以发光，但由于发光亮度低、放光波长范围窄等特点，其应用极少。直至 20 世纪 90 年代，高亮度及蓝、紫色 LED 研究相继取得进展，LED 照明产品逐渐开始大规模应用。

现时 LED 已形成了从上游 LED 外延片生产到下游 LED 产品应用的完整产业链（见图 4－8）。LED 产业链包括 LED 外延片生产、LED 芯片生产、LED 芯片封装及 LED 产品应用等四个环节。从产业链结构看，从下游到中游再到上游，技术含量与难度逐渐加大，其中衬底材料和外延片的技术含量最高，芯片次之。目前多数的中国 LED 企业仍然集中在下游 LED

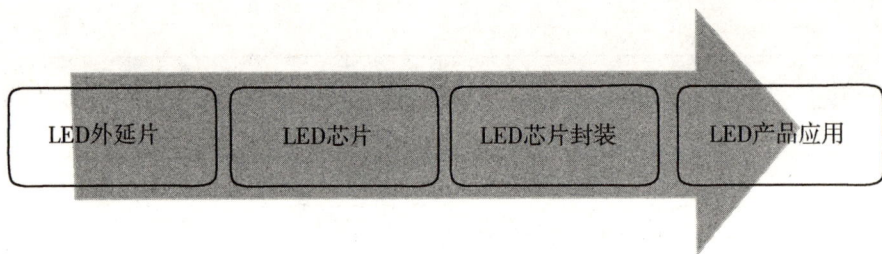

图 4-8　LED 产品产业链

芯片封装及 LED 产品应用环节，下游行业竞争激烈。而以三安光电（600703. SH）为代表的少数实力较强的国内 LED 企业，正在迅速向上游拓展。

LED 具有发光效率高、使用寿命长、无污染等优点，不仅优于传统的白炽灯，即使与紧凑型荧光灯相比亦具有较大的优势，但目前制约其大规模推广的仍然是成本较高。相信随着技术的不断进步，LED 产品的成本将会下降，假以时日必然成为使用最广泛的节能照明产品。

绿色（节能）照明上市公司简介

通过上文的分析可以预期，至 2014 年节能照明市场规模将有 80% 左右的增长空间，鉴于目前国内节能照明市场集中度较低，品牌众多，拥有核心竞争力的绿色照明公司未来发展潜力较大。从技术上来看，LED 是未来发展的方向，但由于 LED 成本短期内仍较高，紧凑型荧光灯同样仍将于较长时间内存在市场。

目前中国香港从事绿色照明业务的上市公司主要有真明丽（01868. HK）、雷士照明（02222. HK）和达进精电（00515. HK）三家。其中真明丽与达进精电在 LED 方面有较强的技术实力，雷士照明目前则侧重于紧凑型荧光灯的生产及下游销售管道的建设，可谓各有所长。

而国内 A 股中，同样有较多质素较佳的绿色照明上市公司。

中国香港上市的绿色照明公司

真明丽控股有限公司（Neo – Neon LED Lighting International Ltd）

主席：樊邦弘

上市代码：01868. HK

行业：绿色照明

公司网页：china. neo – neon. com

低碳业务亮点

真明丽控股有限公司（以下简称"真明丽"）是世界唯一一家 LED 产业上中下游垂直整合成功的完整供应链上市企业。集团致力研发生产 LED 芯片、LED 封装和 LED 应用照明一万余种的产品，产品营销全球一百多个国家及地区。2009 比 2008 年的营业额更高 56%，同时每月产能达 8 亿个 LED。

真明丽主要从事灯具生产，其主要产品包括传统的白炽装饰灯、LED 灯及舞台灯。随着近年来集团大力发展 LED 产业，其 LED 已取代传统白炽灯成为核心业务。2009 年，真明丽 LED 业务占其销售收入比重达 63%，随着 2010 年其在 LED 投入的进一步增加，预期比重将加快增长。

真明丽是世界唯一一家 LED 产业上中下游垂直整合成功的完整供应链上市企业，完整的产业链将大幅降低其 LED 生产成本，增强其产品的竞争力。公司研发实力极强，将保证其不断提高 LED 产品的发光效率及降低 LED 生产成本。随着 LED 产业竞争的日趋激烈，像真明丽这种具有技术优势的国内 LED 生产企业，未来发展前景广阔。

投资要点

优势：

（1）涉及 LED 完整产业链，有利于降低成本。

（2）在国内技术优势较强。

（3）公司近期于 LED 上游投入巨大，未来产能有望爆发性增长。

劣势：

（1）未来 LED 行业竞争激烈。

（2）对 LED 持续的技术改进能否延续，仍存疑虑。

雷士光电科技有限公司（NVC Lighting Technology Corporation）

主席：吴长江

上市代码：02222. HK

行业：绿色照明

公司网页：www. nvc‑lighting. com

低碳业务亮点

雷士光电科技有限公司（以下简称"雷士照明"）是最大的国内照明品牌供货商，并在中国所有照明品牌供货商中排名第二。拥有广东、重庆、浙江、上海等制造基地，并设立了广东和上海两大研发中心。全国 36 家运营中心和 2000 多家品牌专卖店组成完善的客户服务网络。在全球，雷士在 30 多个国家和地区设立了经营机构，展开国际化营销战略。

雷士照明的主营业务为灯具业务，占其 2009 年总收入的 50.63%。其低碳业务为雷士的光源产品（节能灯、HID 光源、荧光光源、卤钨光源和 LED 光源的各种灯泡和灯管），占其 2009 年收入份额的 38%。以销售额计算，雷士节能产品拓展迅速，2007 至 2009 年，节能照明产品总销售额分别为 4880 万美元、1.191 亿美元及 1.838 亿美元，分别占同时期总收入的 37.5%、46.4% 及 60.1%，年复合增长率为 94.1%。

雷士照明主要销售管道为通过批发形式向独家区域经销商销售所有雷士产品，因此与经销商关系将很大程度上影响雷士的销售水平。从 2007 至 2009 年经销商销售额占总收入 86%，71% 和 59%。2009 年雷士有 2461 家雷士门店，预期将在 2012 年前扩张到 4000 家，即 2010 年专门店的年增长率能保持在 15% 以上。

投资要点

优势：

（1）中国照明行业的领先企业，品牌知名度高。

（2）独有的销售管道，下游控制力强。

（3）盈利能力强，毛利率稳定。

劣势：

LED 业务发展相对落后。

达进精电控股有限公司（TC Interconnect Holdings Limited）

主席：杨凯山

上市代码：00515. HK

行业：绿色照明

公司网页：www.tatchun.com

低碳业务亮点

达进精电控股有限公司（以下简称"达进精电"）于 2009 年 10 月成立附属公司，以在中国生产、销售及安装 LED 路灯，及在欧美、中国及中国香港生产及销售家用 LED 灯胆。集团已在多个中国城市获得政府 LED 路灯工程订单，包括扬州市及成都市。

达进精电业务主要分为传统 PCB 业务和 LED 业务，其中 LED 业务为其最新增长点，其于 2009 年 10 月与东方光电成立合营公司开发 LED 路灯照明业务，在大功率 LED 照明具备优质的技术储备，是发挥技术、市场和平台的协同效应，打造大功率 LED 路灯照明市场的领军者，公司在多个关键领域拥有核心技术专利。

达进精电目前已拥有相当数量的在手订单。初步统计，2010 年 LED 路灯业务将为公司带来 100 万港元的销售收入，而 2011 年获得的合同意向额高达 300 万元，业绩增长明确性高。

投资要点

优势：

（1）在 LED 路灯照明方面拥有多个核心技术专利，竞争优势明显。

（2）拥有大量在手订单，业绩增长明确性高。

（3）由于 LED 业务增长迅速，业绩转折点即将出现。

劣势：

（1）传统 PCB 业务经营环境严峻。

（2）LED 技术主要集中于路灯照明。

国内 A 股上市的绿色照明公司

佛山电器照明股份有限公司（Foshan Electrical and Lighting Co.，Ltd.）

上市代码：000541. SZ

法人代表：钟信才

公司主页：www.chinafsl.com

行业：LED、照明器材及灯具

低碳业务亮点

佛山电器照明股份有限公司（以下简称"佛山照明"）是由佛山市电器照明公司、南海市务庄彩釉砖厂、佛山市鄱阳印刷实业公司共同发起，经广东省企业股份制试点联审小组、广东省经济体制改革委员会批准，通过定向募集方式设立的由法人与自然人混合持股的股份有限公司。1996 年经中华人民共和国对外贸易经济合作部同意转为外商投资股份有限公司。目前公司的实际控制人为德国西门子公司，欧司朗控股有限公司为公司控股股东，欧司朗占公司股份比率 13.47%。公司控股旗下 7 家电器相关公司，子公司生产业务正常，运作规范，在灯具行业构成完善的研发、生产、销售产业链条和地域布局。此外，公司还参股佛山禅昌灯光器材有限公司、中国光大银行、厦门商业银行、佛山佛陈公路、深圳量科公司、广州珠江资产管理公司等 6 家公司，参股这些公司，也给予公司合理的投资回报。

公司是国内电光源行业的龙头,具有较为突出的综合能力,电光源节能产品齐全,各项指标居全国同行业之首,核心竞争力明显,在国内外市场享有"中国灯王"的美誉。公司目前主要产品包括各种电光源产品,包括普通灯泡、装饰灯具、碘钨灯、溴钨灯、汽车灯、摩托车灯、高压汞灯、金属卤化物灯、T8 及 T5 细管径高效节能荧光灯,紧凑型节能荧光灯和反光碗等,以及主要与 T8、T5 节能灯配套的灯具等系列产品。公司生产的紧凑型节能灯、T8 荧光灯、普通灯泡、灯具等系列四大类产品均被国家质检总局批准为国家免检产品。公司生产的绿色节能产品获得国家节能产品认证,并被国家财政部、发改委批准列入《节能产品政府采购清单》成为强制采购目录产品。

公司新型 LED 封装技术全球独步,该技术解决了 LED 光源方向性、白光照明一致性和荧光粉性能受热恶化等 LED 应用关键问题,相对 LED 传统封装,可以提高发光效率 25% 以上,通过实现多色荧光粉并存自由调节白光的色温。

未来两年,公司计划新增 T8 生产线 10 条,T5 生产线 5 条,根据照明行业的发展趋势,公司将投入更大力气发展高附加值的高压钠灯、HID 汽车灯以及 LED 照明产品。公司"中国灯王"的品牌优势将进一步增强。在 LED 产业链中,外延片和芯片占据 70% 的利润,而 LED 封装和应用则只占 30% 左右的利润,LED 核心专利基本被日本、美国、德国等公司掌控,国内企业主要集中在小功率低端领域,在大功率高端领域还存在技术、量产、质量等方面的问题。中国的 LED 照明产业重要生产基地和贸易中心集中分布在广东省内,而佛山照明凭借着优越的品牌优势和渠道优势,伴随着国家"十城万盏"计划的推动,与丽嘉科创有限公司合资成立广东佛照新光源科技有限公司,进行 PCR 高显色性、低色温白光 LED 光源照明产品项目的生产经营,推广节能灯。

2009 年公司涉足新能源领域,先后与华欧技术咨询及企划发展有限公司、锂能源控股有限公司、青海原点商贸有限责任公司共同出资组建青海佛照锂能源开发有限公司,佛山照明以现金投入占股 38%,着重发展锂电池相关业务。2010年，公司与东昌电机（深圳）有限公司及佛山飞驰汽车制造有限公司分别签订协议，共同开发纯电动车动力总成制式系统（包括锂动力电池、电机、电控系统等）及进行样车的试制工作。

综上所述，公司具有节能产品，又大举进入新能源行业，在国家重点扶持节能和新能源产业的环境下，佛山照明发展前景不可限量。

投资要点

优势：

（1）国内电光源行业的龙头，电光源节能产品齐全。

（2）LED 业务发展潜力巨大，目前在封装技术上全球领先。

（3）锂电池业务全产业链布局，可望成为锂动力电池龙头。

劣势：

（1）动力锂电池技术大规模推广应用中存在不确定性。

（2）LED 项目存在较大不确定性。

浙江阳光照明电器集团股份有限公司（Zhejiang Yankon Group Co.,
Ltd.）

　　上市代码：600261. SH

　　法人代表：陈森洁

　　公司主页：www. yankon. com

低碳业务亮点

浙江阳光照明电器集团股份有限公司（以下简称"阳光照明"）创建于 1975 年，2000 年"浙江阳光"A 股在上海证券交易所挂牌上市，成为国内照明行业首家民营高科技上市企业。阳光照明是国家级重点高新技术企业、国家大型企业、中国主要节能灯生产出口基地之一，同时阳光照明已被列为国家 300 家重点企业及浙江省重点扶持的大企业集团，国家级重合同、守信用单位，集"中国名牌"、"中国驰名商标"、"中国出口名牌"、"中国出口免验"四项荣誉于一身。

公司主营业务集中在照明电器领域的生产和销售，产品包括一体化电子节能灯、T5 大功率荧光灯及配套灯具、特种灯具等。公司过去是一家以 OEM 为主的生产型技术企业，主要为飞利浦、欧士朗、GE 等国际照明大厂做节能灯代工。近年来，公司转变经营战略，逐步从"生产型企业"向"生产经营型企业"转变，调整产品结构，开展小型化、细管径、大功率等节能产品的扩产，实现产品多元化。

公司坚持向新型照明转型，以节能环保照明电器为方向，产品链覆盖商业照明、办公照明、公共照明等领域。公司积极调动资源，加快全自动工装技术的研发与装备进度，重点推进微汞环保型节能灯芯片和 LED 照明芯片的产研进度。在节能灯行业内，一般每只节能灯含汞约 4 毫克，阳光的产品基本只含 2 毫克，最新产品更是能做到只含 0.6 毫克。此外，公司在国家"半导体照明产品应用示范工程项目"招标中排名前列并中标数个国内项目。2010 年公司节能照明项目收到中国政府补贴 1.2 亿元，其中高效照明补贴 0.96 亿元。

根据全球白炽灯的禁用趋势，2010 年公司增加了低汞、快亮、可调光、小体积等一体化节能灯具的生产和销售比率。公司在杭州湾上虞工业园区的微汞环保节能灯项目投入 4.8 亿元，该项目将形成 1.5 亿只微汞环保节能灯产能，在厦门阳光 LED 照明产品项目投入 41920 万元，此项目达产后公司的 LED 照明光源产业将形成 2000 万盏与 LED 照明灯具 500 万套的产能。

2010 年，公司实现营业收入 21.7 亿元，同比增长 24.5%，净利润 1.82 亿元，同比增长 50.8%。2011 年公司加快产业转型升级，大力发展 LED 照明产品以及微汞环保节能灯，加强 LED 照明光源及等级的技术研发，通过销售渠道和品牌的建设，稳固在同行业中的优势地位。

投资要点

优势：

（1）照明电器行业的排头兵、国内主要的节能灯生产和出口基地之一。

（2）微汞环保型节能灯芯片产能扩充迅速。

（3）LED 灯具产能持续扩张。

劣势：

（1）LED 技术储备相对较弱。

（2）节能灯投产进度与 LED 市场放量进度尚未明朗。

三安光电股份有限公司（Sanan Optoelectronics Co.，Ltd.）

上市代码：600703.SH

法人代表：林秀成

公司主页：www.sanan-e.com

行业：LED 照明光源器件研发、生产；光伏太阳能生产

低碳业务亮点

三安光电股份有限公司（以下简称"三安光电"）坐落于厦门国际会展中心北侧，占地面积5万平方米，是一座现代化花园式工厂。公司承担着国家"863"重大课题，拥有国家级博士后科研工作站及国家级企业技术中心。

公司主要从事全色系超高亮度的 LED 外延片、芯片、化合物太阳能电池等产品的研发、生产与销售。公司在 LED 液晶背光、照明及地面高倍聚光太阳能发电领域的产品在国内享有多项专利，其中用于电视、电脑液晶显示屏背光的 TFT-LCD 背光源的超高亮度 LED 芯片项目获得了工信部2010年信息产业化重大技术发明。

LED 是时下受全球能源政策鼓励的元件，LED 产品具有节能、环保、寿命长的特点，可节约电能，减少温室气体的排放，具有替代传统照明光源的极大潜力。而目前国内 LED 技术发展都不够成熟，三安光电引进了当今世界先进的 LED 外延生产和芯片制造设备，拥有国内外光电技术顶尖人才组成的技术研发团队，从而掌握领先的外延片生产及芯片的核心技术，

成为国内最大规模的全色系超高亮度 LED 芯片生产企业，建成了全色系超高亮度 LED 芯片产业化生产基地。目前公司已经拥有了近 100 台国际一流的 MOCVD（金属有机化合物化学气相淀积）和与之相匹配的细品制造生产线及检测设备，产能可达 560 万片。

2011 年初，国家"十二五"规划政策的出台，坚持把建设资源节约型、环境友好型社会作为加快转变经济发展方式的重要着力点，这对我国 LED 产业的发展产生积极而深远的影响，必将促进我国 LED 进入新的发展时期，发展动力强劲。因此，公司将加强 LED 产业链布局，积极参与国内外上下游知名企业同盟的产业战略合作，保证公司主要原材料重组供应及产品稳定的销售渠道。

此外，公司的光伏太阳能业务也取得了不错业绩。2010 年在青海格尔木完成了 1MWP 聚光太阳能发电系统且实现并网发电，系统运行稳定，得到当地政府和国家电力部门的高度认可。公司的聚光太阳能发电系统已被国家财政部、科技部、能源局纳入金太阳示范工程，并获得了财政支持，有利于加快公司高倍聚光太阳能发电系统的应用和快速发展。

2010 年，三安光电实现营业收入 8.63 亿元，同比增长 83.42%；营业利润 2.91 亿元，同比增长 96.57%。芯片销售、LED 应用产品分别同比增长 40.36%、583.86%。天津三安 LED 产业化项目 2010 年正式投产运营，全年实现净利润 4010 万元；安徽芜湖项目进展顺利，建成后年产能可达 112.5 万片。2011 年公司计划斥资 33 亿元投向 LED 封装应用环节，项目全部达产后，年产 LED 背光灯条 111 亿只，显示屏 3 万平方米及灯具 600 万只，然而，由于大功率器件和显示屏器件封装具有较高技术壁垒，而直接向终端用户销售 LED 器件和产品则需要品牌和渠道支持，因此，公司的未来潜力将得到进一步的发掘。

投资要点

优势：

（1）国内 LED 产业链上游外延片、芯片最大企业之一，规模优势明显。

（2）LED 技术国内领先。

（3）在国内聚光太阳能发电系统应用中处于领先地位。

劣势：

（1）未来 LED 行业竞争激烈。

（2）对 LED 持续的技术改进能否延续，仍存疑虑。

第五节　传统能源清洁化

　　尽管近年来以太阳能、风能及核能为代表的新兴能源产业发展迅速，但世界各国，尤其是中、印为代表的新兴经济体经济规模迅速扩大，对能源的总需求与人均数量都不断上升，全球对传统化石能源的依赖，不仅没有降低，还存在扩大的趋势。目前来看，新能源的新增发电规模，明显赶不上世界对于能源需求的增长速度，未来以石油、煤炭为代表的传统化石能源，仍将是能源的主要供应方式。

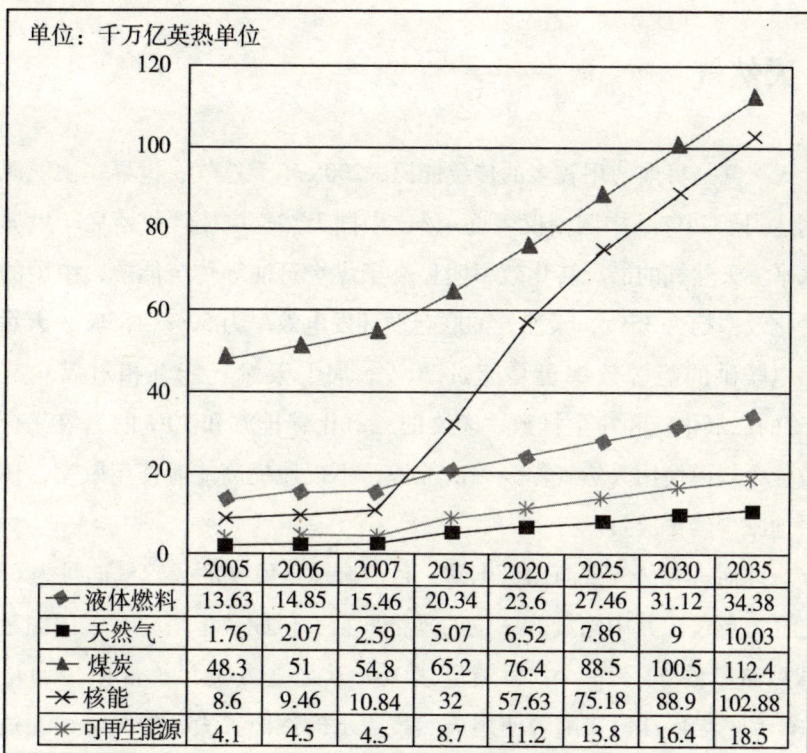

单位：千万亿英热单位

	2005	2006	2007	2015	2020	2025	2030	2035
液体燃料	13.63	14.85	15.46	20.34	23.6	27.46	31.12	34.38
天然气	1.76	2.07	2.59	5.07	6.52	7.86	9	10.03
煤炭	48.3	51	54.8	65.2	76.4	88.5	100.5	112.4
核能	8.6	9.46	10.84	32	57.63	75.18	88.9	102.88
可再生能源	4.1	4.5	4.5	8.7	11.2	13.8	16.4	18.5

图4-9　中国能源消耗类型

资料来源：IEA，智信中国低碳投资管理有限公司

根据 IEA 的预测，未来传统能源还是世界能源消耗的重要组成部分，到 2030 年，传统能源中的液体燃料（主要是石油）、天然气、煤炭占全部能源消耗的百分比分别为 31%、23% 和 28%，三者之和共占 82%。而核能、可再生能源等所占比例到 2030 年只维持 20% 以下。上页图 4-9 展示了 2005 年到 2035 年中国能源的消耗类型。

鉴于中、短期内传统能源仍将是能源供应的主力，其绝对存量维持巨大。如何更加清洁地使用传统能源，即传统能源清洁化就成为必须考虑的问题。传统能源清洁化目前主要存在以下几种思路：首先是加强使用相对清洁的传统能源，如加大天然气的使用规模。其次是提高煤炭的使用效率，采用更加高效的燃煤发电技术，同时推广清洁煤技术，降低燃煤发电厂的碳硫排放等；最后是使用碳封存和碳捕捉技术，降低实际的二氧化碳排放。

天然气

天然气是目前使用较多的传统能源，2008 年天然气在世界一次能源的比例达到了 24%，中国则仅接近 4%，中国天然气应用严重落后于世界平均水平。天然气的能源转化效率明显高于煤炭石油等传统能源，中国的煤电转化效率约为 35%，天然气的联合循环发电效率为 50% -55%，天然气冷热电联供的能源效率更是超过 70%。加上天然气能够相对煤炭减少 100% 的二氧化硫和粉尘排放、60% 的二氧化碳排放和 50% 的氮氧化合物排放，大规模使用天然气作为一次能源，不仅能提高能源使用效率，还能大量地减少碳排放量。

全球而言天然气资源储量丰富，目前全球已发现的天然气储量为 6609 万亿立方英尺，其中储量前三位的是俄罗斯、伊朗、卡塔尔，三国储量占全球总储量的 54.8%。中国储量达 107 万亿立方英尺，占世界储量的 1.6%（见表 4-14）。随着使用天然气需求的逐渐扩大，中国必须通过进口天然气来解决供给问题。

表 4-14 世界天然气储备

单位：万亿立方英尺

国家	储备量	占世界储备量百分比（%）
全球	6609	100
俄罗斯	1680	25.4
伊朗	1046	15.8
卡塔尔	899	13.6
中国	107	1.6
美国	245	3.7

数据源：IEA，智信中国低碳投资管理有限公司

从天然气需求角度来看，世界天然气需求将保持持续增长趋势，2015年世界天然气需求将达 125 万亿立方英尺，到 2030 年世界天然气需求将超过 150 万亿立方英尺。中国方面，根据中国社会科学院发布的《中国能源

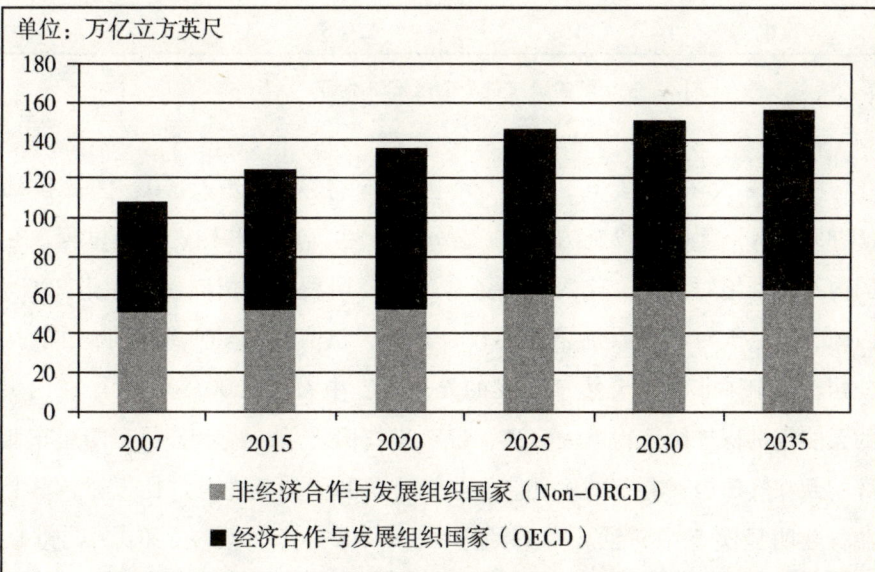

单位：万亿立方英尺

■ 非经济合作与发展组织国家（Non-ORCD）

■ 经济合作与发展组织国家（OECD）

图 4-10 2007~2035 年世界天然气消耗

资料来源：IEA，智信中国低碳投资管理有限公司

发展报告（2009年）》，到2015和2020年，中国天然气消耗量将达2000亿立方米和2500亿立方米，2015至2020年中国天然气消耗量将有30%～40%依靠进口。

天然气目前的主要用途是发电、城市燃气和工业用途，全球天然气需求趋势是天然气发电规模将逐渐扩大，而工业用途在2015～2020年达到高峰后，所占比例将有所减少。中国方面，天然气发电规模将迅速扩大，其占总消耗比例由2008年的12%增加到2020年的37%，城市燃气占总消耗比例亦将由20%增加到34%，用于化工和工业的天然气比例将大幅下降。见表4-15。

表4-15　中国天然气需求范围发展趋势

	1996	2008	2020
工业燃料	42%	37%	19%
城市燃气	11%	20%	34%
化工	46%	31%	10%
发电	1%	12%	37%

资料来源：CEIC，智信中国低碳投资管理有限公司

中国三大石油公司，均对天然气业务有所涉及。其中中石油（00857.HK）无疑是投资的首选。公司的天然气产量和输送管道里程数在国内都占据绝对优势，这两项业务合计对公司利润的贡献已经超过20%。因此，天然气对于中石油来说不仅是概念，已有实质的业绩贡献。同时，公司也是中国非常规天然气开发的先行者。中石化（00386.HK）在四川的天然气勘探连续获得重大突破，继普光气田之后，最近公司在四川东北部的元坝气田内又有新的发现。但是，公司的天然气业务占比很小，其受益程度明显次于中石油。中海油（00883.HK）方面则在LNG、煤制气、页岩气、煤层气等非常规天然气方面另辟蹊径。其中，LNG是中海油在天然气领域中的重中之重，目前，中海油已在广东、上海、福建等地建成三个LNG接收站，并有浙江、海南、江苏、山东等多个LNG项目规划在建。

在国内三大油企中，中海油的 LNG 已建及在建项目是最多的。

由于中国三大石油公司传统业务仍然是主导，天然气及新能源业务均待发展，本章仅以中石油为代表重点介绍。另外天然气供货商新天绿色能源（00956. HK），业务相对集中于低碳行业，亦将重点介绍。

清洁煤发电技术

煤炭是传统能源的重要组成部分，在可再生能源充分发展之前，煤炭依旧是世界能源的重要一环。由于中国的石油、天然气储量相对较少，但煤炭储量相对较丰富，煤炭是中国最为经济且可大规模推广的能源，未来中国煤炭消耗的绝对值将继续增长，并维持高位。正是由于人类在较长的一段时间内仍然依赖煤炭资源，且煤炭消费长久维持高位，如何提高煤炭的能源转化效率，减少使用煤炭过程中的有害物质排放成为重要的课题。其在减少二氧化碳排放上的绝大作用甚至超过了新能源的推广，是人类降低碳排放中最为重要的一环。

由于世界对于环境的日益重视，燃煤发电厂面临着减少污染和温室气体排放的巨大压力。燃煤电厂的效率一般是 33% ~ 35%，剩余 65% 以上的能源被白白浪费。因而目标为提高燃煤发电效率、减少煤炭污染的清洁煤发电技术，越来越为世界各国所重视。

清洁煤技术是指在煤炭从开发到利用全过程中，旨在减少污染排放与提高利用效率的加工、燃烧、转化和污染控制等新技术的总称。清洁煤技术主要分布在煤炭加工、燃烧、转化和污染控制（排放、封存）四个领域，其中燃烧和污染控制（排放、封存）是重点环节。燃烧应用技术包括整体煤炭气化燃气—蒸汽联合循环发电（IGCC）、循环流化床燃烧（CFBC）技术以及增压流化床燃气—蒸汽联合循环发电（PFBC-CC），这三种技术是最为重要的清洁煤发电技术。有关污染控制（排放、封存）中的碳捕集及封存技术（CCS）近年来亦被国际社会广泛重视。其他领域的如：水煤浆技术、煤炭液化技术、煤层气利用技术和烟气净化技术等同样有较广的应用。

一般而言，清洁煤技术通常都会增加燃煤发电厂的发电成本，在没有相关碳交易制度的前提下，难于对发电企业业绩有所贡献。清洁煤行业投资机会主要集中在相关解决方案和设备制造商。

传统能源清洁化上市公司简介

中国香港上市的传统能源清洁化公司

传统能源清洁化在降低温室气体排放方面作用重大，市场潜力无限。天然气方面，国内企业中中石油优势明显，而新天绿色业务相对集中，本章将重点介绍。清洁煤方面，由于主要参与方仍是传统煤炭、电力企业，该业务对其盈利贡献有限，本文就不详述；清洁煤行业投资机会主要集中的相关解决方案和设备制造商方面，其中投资机会较佳的是科达机电（600499. HK）。

中国石油天然气集团公司（China National Petroleum Corporation）
主席：蒋洁敏
上市代码：00857. HK
行业：传统能源清洁化
公司网页：www. petrochina. com. cn

低碳业务亮点

中国石油天然气集团公司（以下简称"中石油"）是根据国务院机构改革方案，于1998年7月在原中国石油天然气总公司的基础上组建的特大型石油石化企业集团，系国家授权投资的机构和国家控股公司。

中石油注册总资本1149亿元，现有总资产9137亿元，在中国境内东北、华北、西北、西南等广大地区拥有13个大型特大型油气田企业、16个大型特大型炼油化工企业、19个石油销售企业和一大批石油石化科研院所和石油施工作业、技术服务、机械制造企业，在中东、北非、中亚、俄罗斯、南美等地区拥有近30个油气勘探开发和生产建设项目。

中石油是中国境内最大的原油、天然气生产、供货商，中国石油集团业务涉及石油天然气勘探开发、炼油化工、管道运输、油气炼化产品销售、石油工程技术服务、石油机械加工制造、石油贸易等各个领域，在中国石油、天然气生产、加工和市场中占据主导地位。

中石油的天然气业务属于传统能源清洁化的范畴，公司占有国内天然气产量的70%以上，长输管道的80%以上。此外，公司还作为中国管道天然气进口的专业承担者。在非常规天然气开发方面更是走在了行业的前沿。2009年，天然气与管道板块积极推进油气管网建设和城市燃气业务，天然气产量及销售量继续保持两位数比率增长，天然气与管道业务对集团的利润贡献不断增长。截至2009年12月31日，12个月本板块实现经营利润人民币190.46亿元，占集团总经营利润的13.28%。随着中国天然气需求的不断上升，凭借公司的强大市场优势，天然气对集团业绩的提升将不断增加。

投资要点

优势：

（1）国内最大原油、天然气生产、供货商，市场占有率高，竞争优势明显。

（2）稳定收益国内成品油和天然气涨价趋势。

（3）可望受惠国家十二五规划中促进天然气产业发展政策。

风险：

（1）公司规模极大，天然气业务所占比重相对偏低。

（2）业绩受国际油价变动影响较大。

（3）部分成熟油田的采油成本大幅上升。

新天绿色能源股份有限公司（China Suntien Green Energy Corporation Limited）

主席：李连平

上市代码：00956.HK

行业：传统能源清洁化

公司网页：www.suntien.com

低碳业务亮点

新天绿色能源股份有限公司（以下简称"新天绿色"）成立于 2010 年 2 月 9 日，注册资本 20 亿元，是河北建设投资集团有限责任公司开发清洁能源的旗舰企业，主要经营范围为投资建设并运营风力发电、太阳能发电场以及输送、销售管道天然气、液化及压缩天然气等清洁能源产业。

截至 2010 年 3 月 31 日，新天绿色的总资产 69.35 亿元，净资产 25.39 亿元。2010 年 1 至 3 月份实现收入 5.49 亿元，利润总额 1.36 亿元。以 2009 年底控股装机容量计，公司是中国十大风电运营公司之一。以 2009 年底控股运营容量和控股装机容量计，公司分别位列河北省第一和第三。以 2007 和 2008 年输气量计，公司为河北省最大的天然气输配设施运营商之一，分别占河北省同期天然气总消耗量的 32.7% 和 32.9%。过往三年里，公司天然气销售量由 3.9 亿立方米增至 7.3 亿立方米，复合年增长率为 36.2%。

新天绿色的主营业务为天然气输送及销售、风力发电和太阳能发电，其盈利主要来自前两项业务。目前公司主要业务均位于中国河北省，其母公司河北建设投资集团有限责任公司由河北省国资委控股。集团背景，决定了其在河北省内开展天然气及新能源业务具有较强的区域竞争优势。

新天绿色的天然气输送业务，2009 年的销售收入和经营利润分别占其总收入和总经营利润的 76.1% 和 50.6%。2010 年，公司于河北省拥有及运营一条长途输送管道、4 条分支管道、4 个城市天然气管道网、9 个天然气分输站及一座压缩天然气加气母站，覆盖 23 个县市。公司天然气主要购自中国石油，通过公司天然气网络向客户销售。

新天绿色的风力发电业务主要是经营风力发电厂，以 2009 年底控股装机容量计，公司是中国十大风电运营公司之一。以 2009 年底控股运营容量和控股装机容量计，公司分别位列河北省第一和第三。过往三年，公司风力发电业务发展迅猛，控股装机容量由 6.1 万千瓦增至 40.7 万千瓦，复合年增长率为 159.1%，预计到 2010 年底总控股装机容量将增加至约 90 万千瓦。公司在河北、山西、内蒙古、山东等省份占领了超过 850 万千瓦的风资源，作为公司后续发展的储备。公司风力发电厂多数位于华北地区，电网接入相对便捷。

另外，新天绿色正积极介入太阳能发电领域，只是目前规模相对较小，对公司业绩贡献有限。

投资要点

优势：

（1）公司在华北地区尤其是河北省具有区域竞争优势。

（2）风电资源丰富，电网完善。

（3）天然气业务现金流稳定。

风险：

（1）天然气价格受中国政府调控。

（2）业务过分集中于河北省。

国内 A 股上市的传统能源清洁化公司

深圳市燃气集团股份有限公司（Shenzhen Gas Corporation Ltd.）

法人代表：宁远喜

上市代码：601139.SH

公司主页：www.szgas.com.cn

行业：煤气生产和供应业

低碳业务亮点

深圳市燃气集团股份有限公司（以下简称"深圳燃气"）创立于1982年，2004年改制为中外合资企业，拥有深圳市30年管道燃气特许经营权，主营业务为燃气批发、管道和瓶装燃气供应、燃气输配管网的投资和建设，是深圳市燃气供应的主导企业。

深圳燃气目前用户总数超过130万户，成功控股10个异地城市的燃气项目。深圳燃气全面完成深圳市天然气转换，进口液化石油气批发连续多年居全国第一，瓶装燃气推行12公斤安全型钢瓶品牌经营，引进欧洲现代化灌装设备。深圳燃气连续多年成为中国最大500家企业集团之一，在全国燃气行业中排名前列。

2010年深圳燃气的主营业务收入65.59亿元，同比增长70%，实现利润总额3.98亿元，同比增长20%；归属母公司股东净利润为3.20亿元，同比增长19%。

管道天然气业务：2010年管道气用户总数122.96万户，其中深圳市管道燃气用户已突破100万户，达103.21万户；管道燃气销量41.43万吨，增加9.97万吨，增长31.71%。公司管道燃气主要为天然气，天然气销量已占管道燃气总销量的98.21%。管道燃气业务营业收入18.85亿元，营业利润6.59亿元，毛利率34.94%。

液化石油气业务：2010年液化石油气批发销量增加了24.30万吨，达64.06万吨，同比增长61.11%。公司建立了以华安气库为基点、三级站为分销点的销售网络，大力拓展中国香港、澳门及东南亚等海外市场，开发国内直销市场，形成了上下游一体化经营的LPG产业格局。液化石油气批发业务营业收入33.38亿元，营业利润7582万元，毛利率2.27%。

瓶装气业务：2010年瓶装石油气用户总数80.72万户；瓶装石油气销量13.59万吨，同比增长24.12%。瓶装石油气业务营业收入8.56亿元，营业利润1.51亿元，毛利率17.68%。

投资要点

优势：

（1）深圳唯一管道燃气供应商，区内具垄断优势。

（2）液化石油气及瓶装气业务仍具相当生命力。

劣势：

业务区域性特征过于明显，制约公司规模扩张。

广东科达机电股份有限公司（Keda Industrial Co.，Ltd.）

法人代表：边程

上市代码：600499.SH

公司主页：www.soundenvironmental.cn

行业：专用设备制造业

低碳业务亮点

广东科达机电股份有限公司（以下简称"科达机电"）创建于1992年，于2002年在上海证券交易所挂牌上市，是一家以生产制造陶瓷、石材、墙体材料、节能环保等大型机械及机电一体化装备为主，并从事陶瓷、石材整线工程建设和技术服务的高科技上市公司，是目前中国最大型的专业制造墙地砖全自动液压压砖机、干燥器、窑炉、瓷质砖全自动抛光生产线等墙地砖生产成套设备的高科技企业，同时也是目前国内唯一一家可提供陶瓷整厂整线工程的生产厂家。企业综合实力在世界墙地砖生产设备研发、制造行业名列前茅，在国内建筑陶瓷成套机电装备制造行业处于龙头领军地位，当前综合实力在行业内的排名是中国第一、世界第二。

科达机电拥有良好的科研创新环境，公司设立"国家级企业技术中心"、"广东省建材装备工程技术研究开发中心"，同时成立"企业博士后工作站"、"院士工作室"，并投资5000万元建成世界上规模最大、设施最先进的创新平台——陶瓷工程试验中心，同时顺利实现了SAP/ERP、办公自动化系统OA、PDM系统、SCM系统、MES系统和SAP-HR系统的成

219

功上线运行，为科达机电的科学管理和科技创新发展提供了坚实后盾。科达机电依靠自主创新不断发展壮大，其主导产品瓷质砖全自动抛光生产线市场占有率达 70% 以上，现已形成了年产各类瓷质砖全自动抛光生产线 250 条、全自动液压压砖机 500 台套、干燥器和窑炉 80 余套的生产能力。

科达机电未来的业务锁定在节能减排领域，主要包括新型能源领域的清洁煤气化技术装备、大规格陶瓷薄板装备、新型墙材装备和人造石材装备等 4 个具有资源节约、废料利用和节能减排特点的环保技术领域。

节能减排新技术与装备快速增长：2010 年，公司石材机械实现销售收入 2.16 亿元，同比增幅达 181.90%，毛利率 19.88%。公司人造石材机械、大规格陶瓷薄板成套装备、墙体材料机械等节能减排新技术装备逐渐成熟，已经进入大规模市场化推广阶段，受益于国家节能减排及低碳经济的政策导向，将成为公司未来业务的主要增长点。但目前该业务正处于市场开拓阶段，盈利水平可能不很稳定。

清洁燃煤气化系统已基本完成全国市场布局，业绩空间广阔。公司陆续成立峨眉山科达、沈阳科达、临沂科达和佛山科达公司。公司正加快沈阳科达煤气化炉建设，该项目投产预计将实现盈利。此外，马鞍山科达报告期内增资扩股，募集资金 3.52 亿元，将推动公司业绩进一步增长。

投资要点

优势：

（1）清洁燃煤气化系统发展潜力巨大。

（2）绿色建材领域技术领先。

劣势：

（1）国家对于清洁煤气的政策推动或低于预期。

（2）清洁煤气业务进展或慢于预期。

第五章
环保及水资源

第一节　美国及中国之环保投资

随着人类科技的不断进步和工业化水平的不断提高，伴随而来的污染亦趋于严重，人类已认识到在发展的同时，必须进行相应的措施以解决污染问题，否则发展定不能持续。环保的主要任务就是解决环境污染的问题，达到保护环境的目的。而随之衍生出来的环保产业，一般来说，定义为在环境污染控制与减排、污染清理以及废弃物处理等方面提供设备和服务的行业。表5-1为目前美国环保产业的价值构成，按比重由高到低可分为：固废处理、污水处理、自来水供应、大气污染治理、咨询与设计、资源回收和清洁能源等。

中国"十二五"规划中，节能环保行业位列七大新兴行业榜首，投资潜力巨大，在上一章中本书已论述了节能产业的投资机会，本章将进一步分析环保行业的投资机会。目前，环保行业在发达国家的发展已较为完善，美国、日本等国家环保产业皆达到其GDP的3%左右，中国环保产业虽然近年来发展迅速，"十一五"期间投资额达到1.5万亿元以上，但仅占GDP的1.5%左右，相比于发达国家比重偏低。预期随着中国经济的迅速发展，环保产业占GDP比重将逐渐趋近发达国家的水平，加上GDP的增长，环保产业发展潜力巨大。未来"十二五"期间，预期中国将投入3.1万亿元于环保产业，年复合增长率15.2%（见图5-1）。而美国未来五年的环保投资年复合增长率仅为2%（见图5-2）。

表 5 - 1　美国环保行业产值主要构成

行业	产值占比
固废处理	27%
污水处理	23%
自来水供应	14%
大气污染治理	8%
咨询与设计	8%
资源回收	7%
清洁能源	6%
其他	7%

资料来源：美国商务部，智信中国低碳投资管理有限公司

单位：亿元

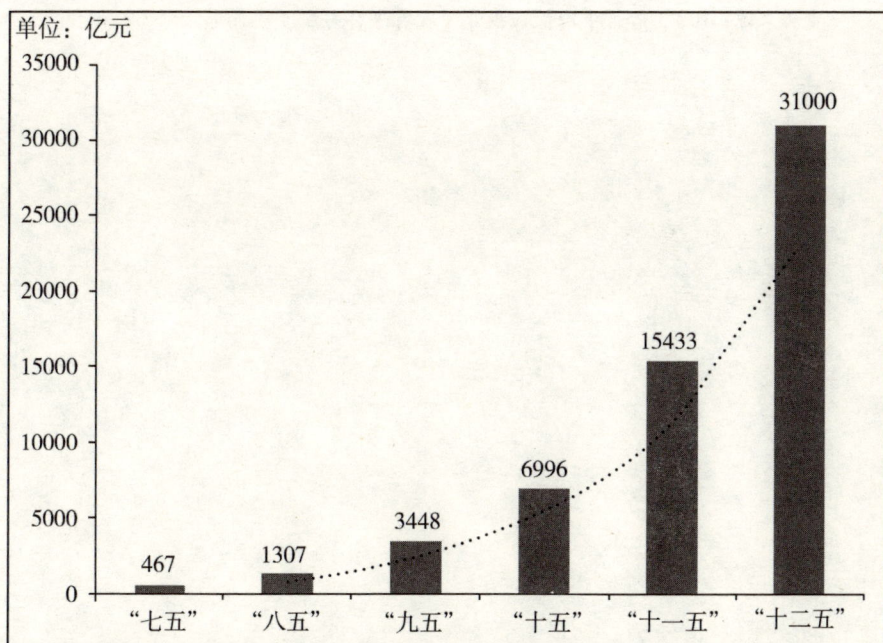

图 5 - 1　"十二五"期间中国环境保护投资

资料来源：国家统计局，智信中国低碳投资管理有限公司

单位：亿美元

5000 ┤   4420
4500 ┤
4000 ┤   3980
3570
3500 ┤
3000 ┤   2808
2500 ┤
2000 ┤
1720
1500 ┤
1000 ┤
500 ┤
0 ┤
1994   2004   2010   2015   2020

■ 环境保护投资

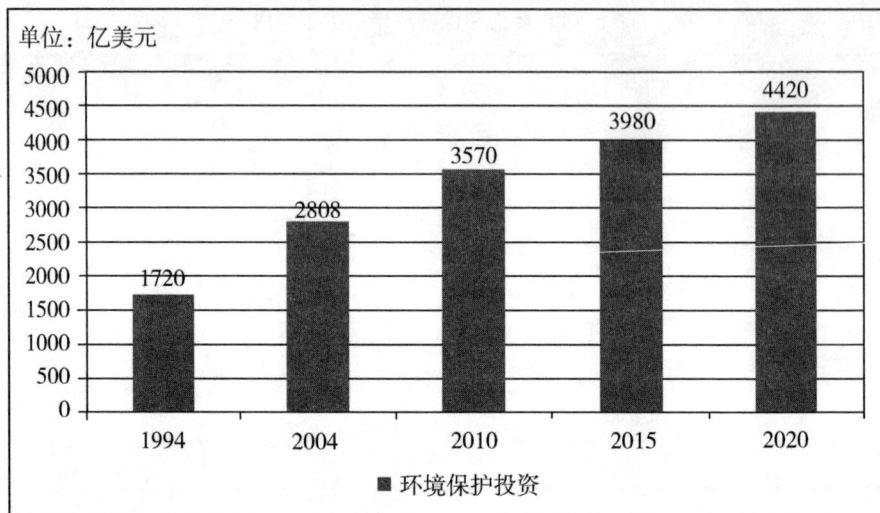

图5-2 美国未来5年环保投资年增长率2%

资料来源：IEA，智信中国低碳投资管理有限公司

第二节　固废处理、污水处理、
废气处理及资源回收

　　一般而言，常有人认为环保行业不产生实际的经济效益，投资机会不多。事实并非如此，在环保产业中的子行业之一，资源回收行业一直以来都能够直接产生经济效益，相关从事废金属、废纸等回收的公司甚至已经上市。随着经济的发展，特别是经济发展进入后工业化时代（中国正在进入），政府对于环保行业的投资热情将显着增长，进而推动环保产业迅速发展。在政府的主导下，对固体废物进行的固废处理、对液体进行环保处理的污水处理及供水、对气体的大气污染治理，加上传统的资源回收，皆具有大量投资机会。

固废处理

　　固废排放主要包括生活垃圾和工业固废排放，即针对生活垃圾和工业固废进行处理，使之无害化，达到不污染环境的目的。由于相对水污染和大气污染来说，固废污染对环境的污染相对迟缓，人们对于固废污染的感受相对没有那么直接，因而过去国内对固废处理的重视程度落后于水污染和大气污染。

　　中国香港上市的经营固废处理业务的公司，其主要业务均位于国内，因此本节主要介绍中国固废处理的现状及投资机会。近年来，随着中国经济的增长，中国的固废排放量逐年增加（见图 5 - 3）。2009 年生活垃圾清运量已达 1.59 亿吨，同比增长 3.2%，无害化处理率 72.1%；工业固废产生量 19.6 亿吨，同比增长 3.2%，综合处理率 67.8%。由于中国经济仍将高速增长，预期未来 5 ~ 10 年中国的固废排放量仍将持续增长。

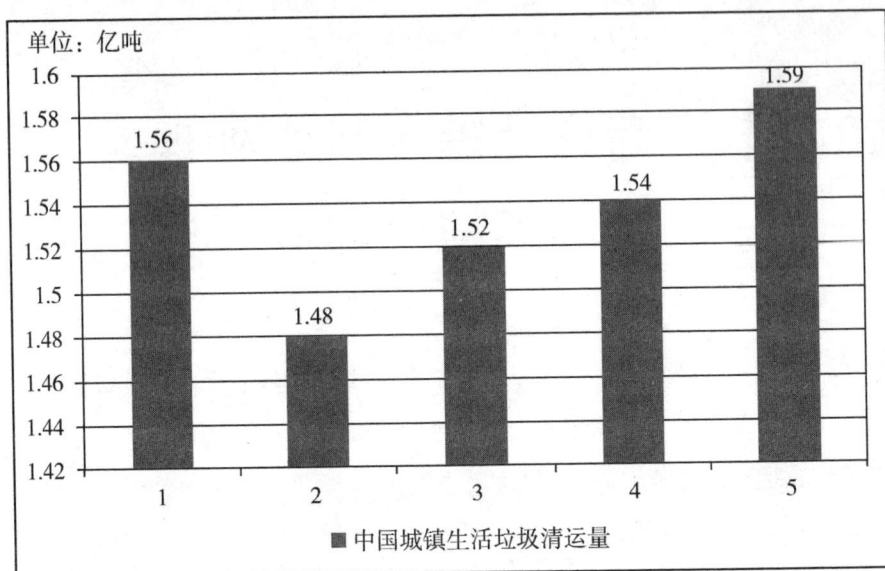

图5-3　中国城镇生活垃圾清运量逐年增加

资料来源：国家统计局，智信中国低碳投资管理有限公司

对于生活垃圾的无害化处理主要有填埋、堆肥和焚烧三种，其中垃圾焚烧发电领域未来具有较大的投资机会。填埋是中国生活垃圾处理的主要方式（见图5-4），但是会占用较大的土地面积，且效率相对较低，虽然未来填埋仍将是中国生活垃圾处理的主要方式，但是其所占比重必将有所减少。而堆肥由于需要对垃圾提前分拣，将不能生化降解的垃圾剔除，加上生产出的肥料在成本及效用上并不占优势，已显现出逐渐减少的趋势。垃圾焚烧可以迅速减少垃圾的总量，且产生的能量可以用来发电及供热，近年来中国垃圾焚烧厂增加迅速，预期未来其所处理垃圾的比重将迅速增加，中国垃圾发电行业存在较大的投资机会。从发达国家来看，焚烧亦在生活垃圾处理中占有较大的比重，美国焚烧垃圾所占垃圾处理的比例已达到40%。

工业固废处理方面，一方面是中国工业固废处理能力已较强，另一方面是不同的工业所产生的固废差别较大，处理方式有很大差别。短期来看，投资机会不多。

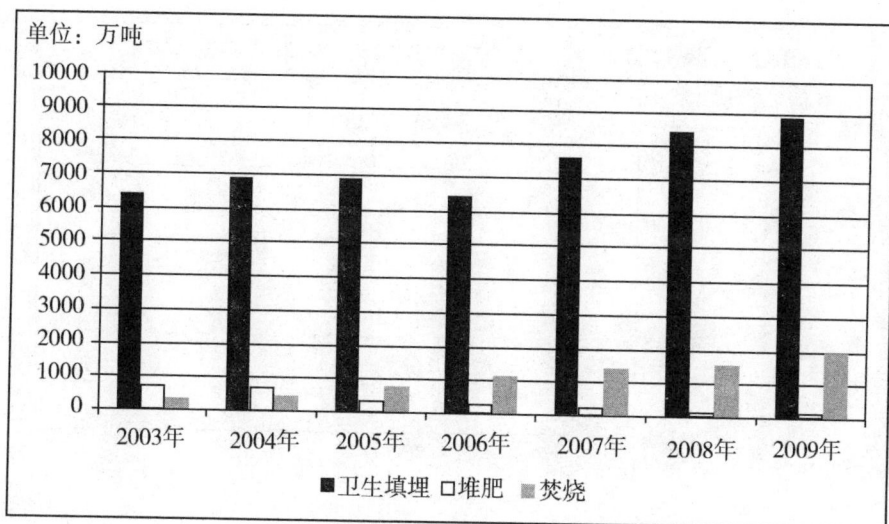

单位：万吨

图5-4　中国垃圾无害化处理仍以填埋为主

资料来源：国家统计局，智信中国低碳投资

污水处理及供水

污水处理和供水行业是水务行业最主要的两个子行业。

污水处理是指用各种方法将污水中所含的污染物分离出来或将其转化为无害物，从而使污水得到净化的过程。当前中国产生的污水主要包括工业污水、农业污水和城市生活污水。污水处理主要针对的是工业污水和城市生活污水。工业污水方面，随着中国对环境标准的日趋严格，及节能减排的力度不断加大，近年来已呈现出逐渐减少的趋势（见图5-5），2009年工业废水排放率达93.8%。在工业废水处理领域中国已取得一定成果。

关于城市生活污水，近年来中国城镇污水处理率不断提高，截至2010年底，全国城镇污水处理规模达到1.25亿吨/日，负荷率约78%，全年污水处理量约343亿吨，城市污水处理率85%。除了少数省市的污水处理能力偏弱外，其他多数地区污水处理率已较高（见图5-6、5-7）。在污水

单位：万吨

	2004	2005	2006	2007	2008	2009
◆ 工业固废排放量	1762	1655	1302	1197	782	543
■ 工业固废储存量	26012	27876	22398	24119	21882	20889
▲ 工业固废处理量	26635	31259	42883	41350	48291	47514

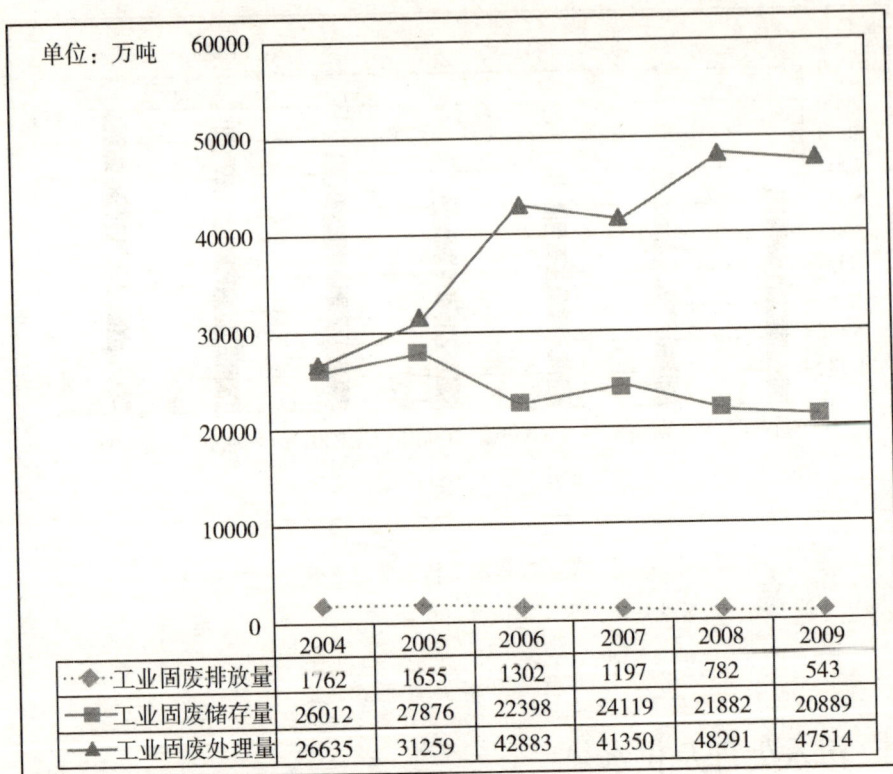

图5－5　中国工业固废处理量逐年减少

资料来源：国家统计局，智信中国低碳投资管理有限公司

处理率较高的前提下，未来污水处理行业的主要投资机会将来自由于国家提高污水排放标准而带来的设备及技术升级，以及提高污水处理费的价格。

供水方面，10年以来中国城市供水总量变化不大，平均增长速度仅为0.67%。从城市用水结构的角度而言，生活用水量有所增加，生产用水呈缓慢下降的趋势（见表5－2）。预期未来五年，中国城市供水总量维持平稳，供水行业将难有爆发性增长机会，而供水公司业绩大幅上涨的主要机会将来自水价的调整。

图5-6　中国工业污水排放达标率逐年增加

资料来源：国家统计局，智信中国低碳投资管理有限公司

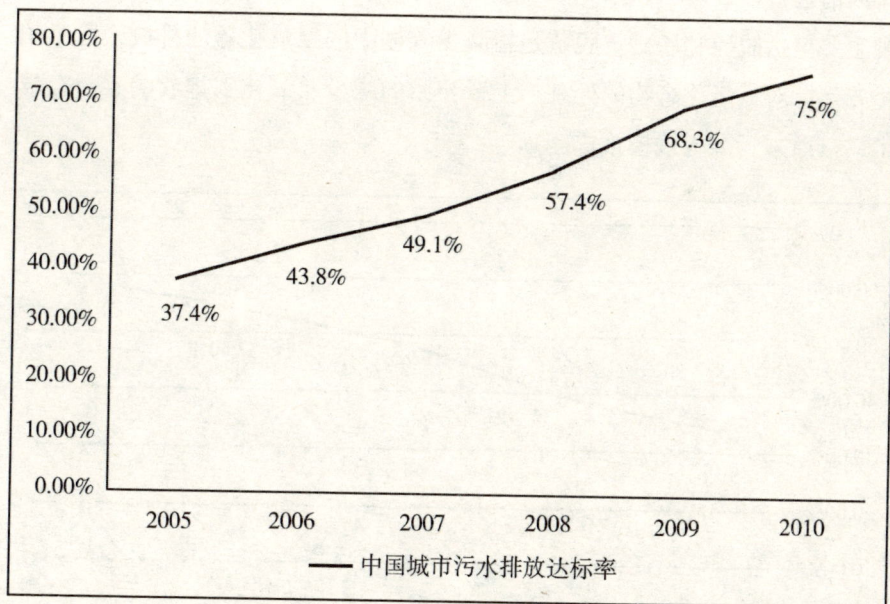

图5-7　中国城市污水排放达标率逐年增加

资料来源：国家统计局，智信中国低碳投资管理有限公司

表 5-2　中国供水总量相对稳定

单位：万立方米

	2003 年	2004 年	2005 年	2006 年	2007 年	2008 年	2009 年
全年供水总量	475	490	502	540	502	500	497
生产用水	207	211	210	222	183	178	167
生活用水	225	233	244	222	226	227	233
其他用水	44	45	49	31	26	23	24

资料来源：国家统计局，智信中国低碳投资管理有限公司

废气处理

　　废气处理指的是针对发电厂、工业场所、工厂车间产生的废气在对外排放前进行预处理，以达到国家废气对外排放标准的工作。目前，废气处理主要包括脱硫和脱硝。脱硫是指减少气体中的二氧化硫的排放，而脱硝主要是针对氮氧化合物的处理。上章介绍的减少二氧化碳排放的碳封存技术，目前来看离大规模推广尚远。

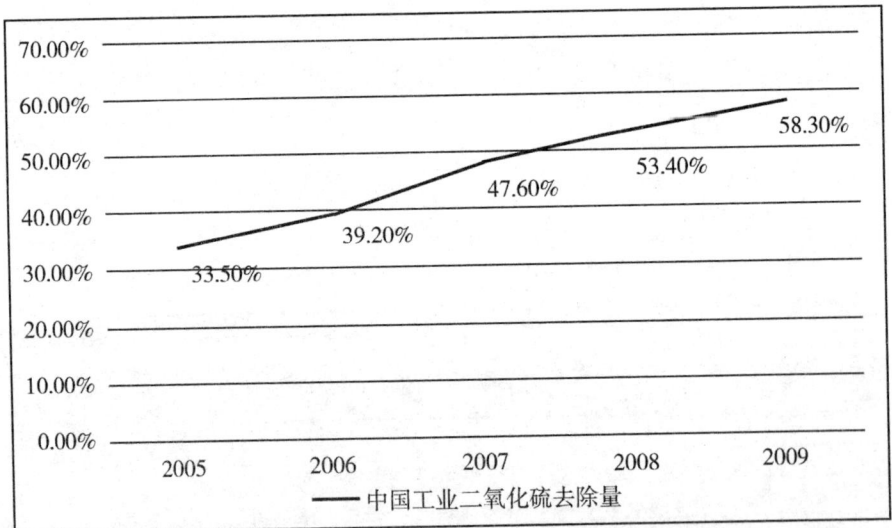

图 5-9　中国工业二氧化硫去除量逐年增加

资料来源：国家统计局，智信中国低碳投资管理有限公司

一直以来，电力行业都是废气排放的大户，废气处理亦主要针对电力行业。而目前来看，中国电力行业基本上完成了对现有发电机组的脱硫改造，未来新增机组对脱硫设备的需求将逐年降低（见图5-9）。可见将来工业脱硫的重点主要在非电力行业，这将是脱硫产业新的增长点。

中国脱硝产业目前正处于发展初期，产业发展很大程度上取决于脱硝环保标准的执行力度。按照脱硫的程序，中国应该会首先在电力行业推进脱硝技术。环境保护部于2010年1月27日颁布了《火电厂氮氧化物防治技术政策》，引起了相关部门和企业的高度关注。该政策将低氮燃烧技术应用作为燃煤电厂氮氧化物控制的首选技术，当采用低氮燃烧技术后，氮氧化物排放浓度不达标或不满足总量控制要求时，应建设烟气脱硝设施。

资源回收

资源回收指从废物中分离出来的有用物质经过物理或机械加工成为再利用的制品。如废纸、废玻璃、废电池、废金属、废塑料等的回收利用。其中废金属回收利润空间较大，中国香港已有相关业务的公司上市。

废金属回收主要包括废钢、废铜、废铝等。由于废金属再次利用率高，且技术门槛相对较低，加上国际金属价格不断上升，废金属回收行业存在较大利润空间。废钢、废铜、废铝等回收量，近年来皆持续增长。

近年来，中国的钢产量及消耗量增长对中国废钢需求有重大影响。中国废钢消耗量由2003年约48.2百万吨上升至2008年约87百万吨。下图5-10列出了2003年至2010年期间中国废钢消耗量的增长情况：

根据2008年中国有色金属工业年鉴，主要废铜供应国包括中国、德国、日本、俄罗斯及比利时。2007年全球废铜回收量约达2.5万吨，而2003年至2007年期间中国废铜回收量按复合年增长率约27.8%。见表5-3。

单位：百万吨

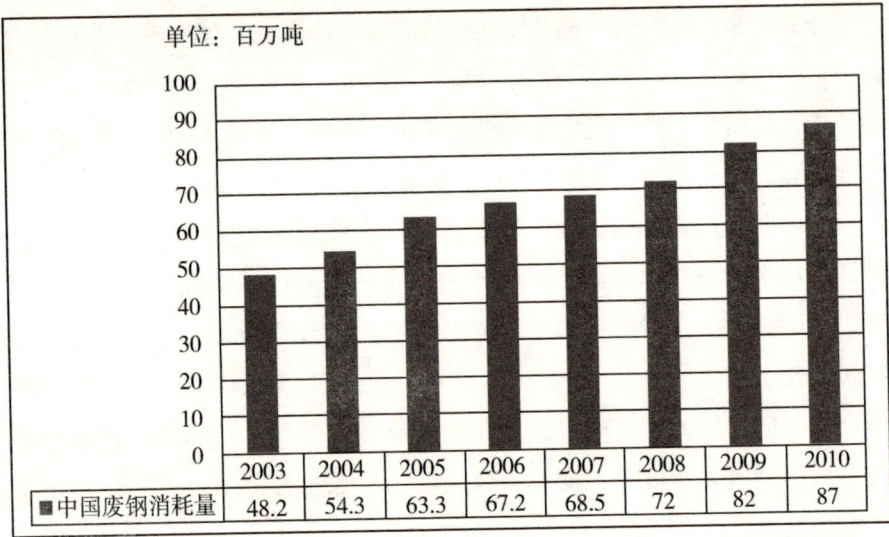

	2003	2004	2005	2006	2007	2008	2009	2010
■中国废钢消耗量	48.2	54.3	63.3	67.2	68.5	72	82	87

图 5-10　中国废钢消耗量增长

资料来源：国家统计局，智信中国低碳投资管理有限公司

表 5-3　全球废铜回收

单位：万吨

排名	国家	2003	2004	2005	2006	2007	2007 占全球百分比（%）	复合年增长率（%）
1	中国	436	620	744	999	1136	45	27.8
2	德国	311	369	344	350	364	15	4
3	日本	173	196	199	219	245	10	9.1
4	俄罗斯	150	150	160	160	160	6	1.6
5	比利时	200	130	97	96	96	4	-16.8
	其他	447	472	510	523	507	20	3.2
	总量	1707	1937	2054	2347	2508	100	10.1

数据源：国家统计局，智信中国低碳投资管理有限公司

　　根据2008年中国有色金属工业年鉴资料，主要废铝供应国包括美国、日本、德国、意大利和挪威。全球废铝回收量2007年约达8.8百万吨。其

中美国占全球总量第一。见表 5 – 4。

表 5 – 4　全球废铝回收

单位：万吨

排名	国家	2003	2004	2005	2006	2007	2007 占全球百分比（%）	复合年增长率（%）
1	美国	2930	2977	3019	3023	2888	32.80	- 0.40
2	日本	1261	1015	1039	1070	1145	13.00	- 2.40
3	德国	680	655	712	796	836	9.50	5.30
4	意大利	590	611	654	666	705	8.00	4.60
5	挪威	257	349	362	349	348	4.00	7.90
	其他	1933	1953	1976	1961	2882	32.70	10.54
	全球总量	7651	7560	7762	7865	8804	100.00	3.60

数据源：国家统计局，智信中国低碳投资管理有限公司

第三节　投资机会综述

中国香港上市的环保企业其业务主要面向中国内地市场，中国"十二五"期间环保产业投资将维持高速增长，相关公司均有投资机会。整体来看，固废处理中的垃圾焚烧发电、废水处理中的上游技术实力较强的设备及技术提供商，投资机会较高，或面临爆炸性增长，相关上市公司需重点关注。

目前中国香港上市的环保企业中以中国光大国际（00257）的业务范围最广，其业务涉及固废处理、污水处理等环保业务，同时光大国际亦积极开拓新能源业务。

从事固废处理的中国香港上市公司主要有东江环保（00895）和新环保能源，其中东江环保为广东省环保产业的龙头企业，在中国废物处理及资源化利用领域居领先地位。2009年实际处理工业废物量达到20万吨，占广东工业废物处理市场份额的10%左右。新环保能源2009年收购Smart-view Investment Holdings Limited后，亦积极开拓垃圾发电业务。

废水处理及水资源利用方面，主要上市公司包括北控水务（00371）、中国水务（00855）、天津创业环保（01065）、天业节水（00840）等；其中北控水务、中国水务规模相对较大，可重点关注。

另外上市公司中还有涉及污水处理和烟气处理设备的泛亚环保（00556），及废金属回收的中国金属再生资源（00773），而玖龙纸业（02689）的业务也涉及废纸的循环再造业务。

由于中国香港上市的环保类公司较多，且多数市值较小或部分业务比重不高，本文仅重点介绍东江环保、中国光大国际、北控水务和中国金属再生资源。

环保及水资源上市公司简介

中国香港上市的环保及水资源公司

东江环保股份有限公司（Shenzhen Dongjiang Environmental Company Limited）

主席：张维仰

上市代码：00895. HK

行业：循环再造

公司网页：www.szdongjiang.com/en/leaguer.asp

低碳业务亮点

东江环保股份有限公司（以下简称"东江环保"）是中国一家领先的废物管理及环境服务供货商，在废物的收集、处理与综合利用、环境技术研发、环保工程设计、建设与运营管理等领域具有卓越的专业技术和经验。

东江环保自成立以来，一直专注于"废物处理及处置"、"资源综合利用"及"环境服务"三大核心领域。卓越的废物处理、资源利用及环境工程运营能力造就了东江环保独具特色的经营模式：

（1）为客户提供包括废物的处理及处置、环保设施的设计、建设及运营管理以及环保技术和咨询的全方位、一站式环保解决方案。

（2）通过独到的技术和手段将废物转化为原材料及能源等再生产品进行销售。

东江环保分为工业固废和市政固废两个事业部。公司业务可分为四大类：资源化产品（占公司 2009 年收入的 55%）、废物处理（占公司 2009 年收入的 25%）、环保服务和工程建设（占公司 2009 年收入的 16%）、可再生能源及其他（占公司 2009 年收入的 4%）。未来公司的业务增长主要集中在废物处理和可再生能源两块业务。

在工业固废方面，公司废物处理能力逐年快速增长，近年随着龙岗15万吨、粤北35万吨等项目的完成，公司废物处理能力仍有望继续大幅度上升。公司近年客户量仍保持每年新增1000家左右，客户量的速度快速增长。未来工业废物处理业务将持续快速增长。而市政固废方面，该业务目前主要由深圳下坪的项目在运行，该项目包括垃圾填埋、市政污泥处理及填埋气体发电等具体业务。未来公司老虎坑项目和青岛项目完成，将新增6台发电机组，同时邵阳项目的完成也将使公司日处理垃圾能力增长700吨~1000吨左右。

而东江环保的可再生能源项目，目前尚处于起步阶段，前景尚需观察。

投资要点

优势：

（1）工业固废处理领域发展前景广阔。

（2）市政固废处理业务可望迅速发展。

（3）公司是国内领先的废物管理及环境服务供货商。

缺点：

（1）资源化产品占公司收入比重仍较高。

（2）新建固废处理项目或延期。

中国光大国际有限公司（China Everbright International Limited.）

主席：唐双宁

上市代码：00257

行业：固废处理，污水处理

公司网页：www.ebchinaintl.com/e/index.php

低碳业务亮点

中国光大国际有限公司（以下简称"光大国际"）是一家以绿色环保和新能源为主业，集研发、基建、运营管理为一体的投资产业集团。集团分别于北京及深圳设立科技研发及工程技术两大管理基地。本集团业务分为环保能源、环保水务、新能源及基建，项目主要包括垃圾焚烧发电、沼气发电、秸秆热电联供、生物质能发电、太阳能光伏发电、工业固体废物填埋、水环境治理、中水回用以及收费桥梁等。业务分布在江苏、山东、福建、广东以及安徽等省份的城市及城乡地区。

光大国际业务主要分为环保能源、水务及新能源业务。其中环保能源业务主要包括垃圾焚烧发电项目、工业固废填埋项目以及拓展中的环保产业园。水务业务主要是位于山东及江苏的污水处理业务。而新能源业务主要是生物质能发电（包括沼气发电、秸秆热电联供等）、太阳能光伏发电。

光大国际的环保能源业务 2009 年其 EBITDA（除利息、税项、折旧及摊销前盈利）占总 EBITDA 的 40%。截止 2009 年，公司建成投运了 5 个垃圾焚烧发电项目，日处理规模达 4150 吨，同时仍有 5 个垃圾发电项目在建。公司与各地政府在环保项目上寻求更深度合作，将当地环保项目集中规划，发展出一套独特的环保产业园模式。产业园内的各个环保项目，通过公司的集中管理，产生规模效益，协同效应。目前共有 5 个环保产业园，总计投资超过 100 亿。

水务业务方面，公司主要于山东省及江苏省开展污水处理项目，截至 2009 年 12 月 31 日，共落实投资 17 个项目，设计总规模为年处理污水约 5.5 亿立方米。2009 年其 EBITDA 占总 EBITDA 的 47.6%。

光大国际的新能源项目主要包括生物质能发电（包括沼气发电、秸秆热电联供等）和太阳能光伏发电。2009 年其 EBITDA 占总 EBITDA 的 1.5%。目前来看，其生物质能发电项目受制于原料及上网电价，盈利能力仍弱。而其太阳能发电业务由于目前仍处于起步阶段，相信短期难对业绩有较大贡献。

投资要点

优势：

（1）公司环保项目持续扩张，垃圾发电项目前景广阔。

（2）清洁发展机制为公司带来额外收入。

（3）成本控制较佳。

缺点：

（1）业务地域性较集中，开拓新区域市场竞争压力较大。

（2）新能源项目短期难以对业绩有所贡献。

北控水务集团有限公司（Beijing Enterprises Water Group Limited）

主席：张虹海

上市代码：00371. HK

行业：污水处理

公司网页：www. bewg. com. hk/gb/global/home. htm

低碳业务亮点

北控水务集团有限公司（简称"北控水务"）是中国香港联合交易所主板上市公司（股份编号：00371），是国内污水处理领域具有核心竞争力的大型专业水处理集团。作为北京控股（中国香港主板上市公司，股份编号：00392）进军水务领域的旗舰企业，北控水务集团以"领先的综合水务系统解决方案提供商"为战略定位，以市场为基础、资本为依托、技术为先导、管理为核心，专注于以污水为核心的水务行业和环保行业，并在集团化架构下，进行专业化经营。凭借其工程设计、环保设施运营、工程咨询等甲级资质，加上核心工艺、技术研发、战略联盟、项目管理及融资管道等多重优势，先后以股权收购、TOT、BOT 等模式，控股中科成、深圳华强、广西贵港等多个知名企业，在北京、广东、浙江、山东、湖南、四川、广西、海南及贵州等省市拥有了 6 座自来水厂和 24 座污水处理厂，控制水处理能力为 487. 75 万吨/日，其中污水 353. 75 万吨/日，供水 134

万吨/日，初步实现了全国性的投资布局，在中国水网联合中国环境报主办的"2008 度中国水务新锐企业"评选中，北控水务名列榜上企业之首。

北控水务由中国香港主板上市的北京控股有限公司控股，截至 2008 年 12 月 31 日，持股比例为 64.32%。北京控股 1997 年 5 月于中国香港联合交易所上市，是一家具有北京市政府背景、以城市燃气和基础设施为核心业务的综合性公用事业红筹公司。

截至 2010 年 7 月，北控水务拥有 4 座自来水厂、47 座污水处理厂和 3 座再生水厂，设计水处理能力为 360 万吨/日，其中污水 345 万吨/日，供水 15 万吨/日。集团核心业务主要包括污水处理服务、污水技术服务和供水业务和建造服务。

污水处理业务和污水技术服务 2009 年分别占总收入的 25% 和 4%，占其净利润的 41% 和 15%，这两项业务共为公司贡献了净利润的 56%。由于中国污水处理行业集中都较低，近年来，北控水务通过大举收购其他已经投入运营的污水处理项目（TOT）或开工建设新的项目（BOT），大举扩大市场份额，未来北控水务有望成为中国污水处理行业的领导者。

北控水务通过签订污水处理厂的建造—经营—移交方式的特许权合约（BOT），开工建设新的污水处理项目，该合约中的前期建造过程，即公司的建造服务业务。根据当前的国际会计准则和港交所披露要求，BOT 污水处理项目无论在建或业已运营的均可贡献收入。2009 年该业务占总收入的 63%，占其净利润的 19%。

供水业务方面，北控水务除拥有自来水厂和再生水厂，日供水能力更大于 15 万吨/日。2009 年供水业务占总收入的 3%，占其净利润的 2%。未来公司或通过收购母公司北京第九水厂等供水项目而迅速扩大供水业务。

投资要点

优势：

（1）公司在中国污水处理行业内核心竞争力强。

（2）中国污水处理行业市场集中度低，公司市场份额可迅速扩大。

（3）现时公司在建污水处理项目较多，建成后业绩冀望有所提升。

缺点：

迅速扩张使负债率有所提高。

中国金属再生资源

主席：秦志威

上市代码：00773.HK

行业：废金属回收

公司网页：www.chinametalrecycle.com

低碳业务亮点

中国金属再生能源乃中国最大的再生金属资源公司。公司向海外及国内供货商购买废钢、废铜及其他废金属并使用重型设备及人工将废金属分离为各种金属成分，并制造出在体积、纯度及其他要求方面符合公司客户需要的回收废金属产品。如废金属符合公司客户的需求，公司亦将购买得来而未经过进一步加工的一部分废金属转售。公司产品有中国的金属制造商用于生产新粗钢及其他有色金属。该等材料则用于生产各种终端产品，包括建筑材料、重型设备、汽车、飞机、船舶及家用电器。

中国金属再生资源的主要业务是废金属回收，主要包括废钢业务和废有色金属业务。公司回收的废金属主要来自家用电器以及建筑和制造行业产生的废金属。中国金属主要供货商包括从事收集未经处理废金属业务的中国私营企业和外国废金属收购公司。公司所处行业的上游是大、小垃圾收购站，回收的废金属来自大型垃圾处理厂，下游是大型钢铁厂如珠江钢铁、沙钢等（公司直接销售给大型钢厂）。

2009年包括废钢在内的黑色金属回收业务占其总收入的15.67%，废有色金属回收业务占其总收入的84.33%，公司销售收入受金属价格影响较大。由于公司对上游定价能力偏弱，导致毛利率偏低，未来随着公司规模扩大，议价能力有望提高，从而提升毛利率。

投资要点

优势：

（1）未来中国对废钢及废铜的需求可望维持 10% 的增速，行业前景较大。

（2）在中国废金属回收企业中，公司具有竞争优势。

缺点：

（1）对上游议价能力偏弱。

（2）业绩受钢铁、有色金属价格变动影响，波动较大。

国内 A 股上市的环保及水资源公司

桑德环境资源股份有限公司（Sound Environmental Resources Co., Ltd.）

法人代表：文一波

上市代码：000826. SZ

公司主页：www. soundenvironmental. cn

行业：公共设施服务业

低碳业务亮点

桑德环境资源股份有限公司（原合加资源），长期致力于废物资源化和环境资源的可持续发展，主营业务为固废处置工程系统集成和特定地区市政供水、污水处理项目的投资及运营服务。是目前 A 股市场唯一一家主营业务为固废处置的上市公司，连续两年获得"上市公司中国成长百强"等荣誉。下辖湖北合加环境设备有限公司、宜昌三峡水务有限公司等企业。

2010 年度，公司实现营业收入 9.72 亿元，比上年同期增长 42.01%；实现营业利润 2.39 亿元，比上年同期增长 38.70%；实现净利润 2.16 亿元，归属于母公司所有者的净利润 2.07 亿元，分别较上年同期增长 38.29%、42.04%。

固体废弃物处置产业：公司已快速成长为中国固废处置产业领域的先锋。在固废处置领域拥有完善的产业链条，可为客户提供从项目咨询、工艺设计、产品提供、工程建设等"一站式"服务。根据国内固废特点，在城市生活垃圾处理等众多领域开创了一条适合中国国情的固废处理崭新之路，在国内成功实施了世界上规模最大的生活垃圾综合处理项目；在工业危险废弃物处置领域有极高的市场占有率；公司投资兴建的大型环境资源设备研发制造基地，进一步完善了公司产业链条，增强了公司核心竞争力，也引领了中国固废产业的发展。2010 年营业收入 7.36 亿元，营业利润 2.49 亿元，毛利率 33.83%。

市政污水处理业务：公司拥有强大的水务投资和运营能力，在全国投资的水务项目已达十几个，为国内知名的水务投资和运营商，2010 年营业收入 1.56 亿元，营业利润 6090 万元，毛利率 39.12%。投资和运营的多个水务项目多次获得环保部和各级地方政府的表彰，也得到了央视《长江行动》栏目组等媒体的赞扬。

投资要点

优势：

（1）A 股唯一一家主营业务为固废处理的上市公司，受益中国固废处理市场迅速扩大。

（2）固废处理全产业链公司，技术实力强。

（3）污水处理业务稳定增长。

劣势：

（1）订单或低于预期。

（2）垃圾焚烧项目上面临较大争议。

成都市兴蓉投资股份有限公司（Chengdu Xingrong Investment Co.，Ltd.）

法人代表：谭建明

上市代码：000598.SZ

公司主页：www.xrtz.cn

行业：其他公共设施服务业

低碳业务亮点

成都市兴蓉投资股份有限公司（以下简称"兴蓉投资"）于 1996 年 5 月 29 日在深圳证券交易所挂牌上市交易，原名蓝星清洗股份有限公司，2010 年 1 月，经中国证券监督管理委员会核准，公司实施了重大资产重组。重大资产重组完成后，公司控股股东、资产、主营业务均发生了重大变化，控股股东变更为成都市兴蓉集团有限公司，成都市 8 座污水处理厂的资产注入公司，公司名称由蓝星清洗股份有限公司变更为成都市兴蓉投资股份有限公司，证券简称"兴蓉投资"，公司转型为以污水处理业务为主、致力于城市及水环境综合治理的环保类上市公司，成为成都市属国资领域重要的上市平台。

兴蓉投资全资子公司成都市排水有限责任公司系四川省最大的污水处理服务企业，在成都地区拥有 8 座污水处理厂，污水处理能力达 130 万立方米/日；公司积极实施跨区域扩张，于 2010 年 4 月取得甘肃省兰州市安宁七里河污水处理厂 30 年的特许经营权。排水公司具有丰富的污水处理行业经验、先进的管理理念、优秀的管理团队，技术优势突出、竞争优势明显、核心竞争力强，多次获得"全国文明单位"、"全国十佳污水处理厂"及"全国优秀污水处理厂"等殊荣。

目前，成都市中心城区的污水处理率在全国同等规模城市中处于领先水平，极大地改善了城市水环境质量，为岷江流域和长江中下游地区的生态环境改善做出了重要贡献。

随着成都市城市规模的不断扩大，城市化进程的不断推进，城市管网建设的不断完善，公司的污水处理量不断提高，产能利用率稳步提升。

2010年全年，公司实现营业收入6.12亿元，较上年（调整后）增长8.79%；营业利润2.78亿元，较上年（调整后）增长5.90%；净利润23594.86万元，较上年（调整后）增长5.69%，归属上市公司股东净资产为164255.21万元。污水处理业务出水水质均优于设计排放标准，实现了污染减排目标，保持了良好的发展态势，营业收入6.09亿元，营业利润3.35亿元，毛利率55.10%。

投资要点

优势：

（1）现有污水处理业务收入稳定。

（2）业务正逐步迈向全国。

（3）收购成都自来水公司，实现供排水一体化。

劣势：

污水处理量、自来水供水量或低于预期。

北京碧水源科技股份有限公司（Beijing Originwater Technology Co.，Ltd.）

法人代表： 文剑平

上市代码： 300070. SZ

公司主页： www.originwater.com

行业： 专业、科研服务业

低碳业务亮点

北京碧水源科技股份有限公司（以下简称"碧水源"）于2010年4月21日在深交所创业板挂牌上市，是国家首批高新技术企业、国家第三批创新型企业和首批中关村国家自主创新示范区创新型企业，致力于解决我国水污染与水资源短缺问题并提供饮用水安全保障。

碧水源研发出拥有完全自主知识产权的膜生物反应器（MBR）污水资源化技术，攻克了MBR三大国际技术难题：膜材料制造、膜设备制造和膜应用工艺，是世界上同时拥有上述三项技术自主知识产权的少数企业之一，拥有40多项专利技术，填补国内多项空白，荣获国家科学技术进步奖二等奖、教育部科学技术进步奖一等奖、首批国家自主创新产品、国家重点新产品等荣誉，成为我国MBR技术大规模应用的奠基者、污水资源化技术的开拓者和领先者，比肩GE、西门子，处于国际领先水平。

碧水源在北京怀柔"中关村雁栖创新基地"建成全球最大规模的膜技术研发和产业基地，产能可达200万平方米/年的PVDF微滤膜（用于污水处理）和150万平米的超滤膜（用于自来水处理），以及相应的膜组器。公司建有博士后工作站和市级企业技术中心，并与清华大学合作建成国际一流的清华—碧水源环境膜技术研发中心，承担了国家"863"计划项目、国家重大水专项、国家科技支撑计划、国家火炬计划等国家重大项目课题，形成碧水源污水资源化事业的强力支撑。

截至2010年，碧水源已完成超千项污水资源化工程、百余项安全饮水和湿地工程，参与众多国家水环境重点治理工程，包括太湖流域治理、滇池流域治理、南水北调丹江口水源保护地治理、海河流域治理、北京引温济潮跨流域调水工程（世界上最大的MBR工程）、北京奥运龙行水系工程以及国家大剧院水处理工程等，并在社会主义新农村建设水环境治理中发挥着重要的示范作用。公司承担的污水资源化项目总规模已超过300万吨/天，每年可为国家新增高品质再生水10亿吨，位居世界前列。同时，碧水源MBR技术及产品已打入国际市场，销往澳大利亚、英国、菲律宾以及东欧等国家和地区。

2010年全年，公司实现营业收入500470845.46元，同比增长59.61%；实现利润总额2.09亿元，同比增长68.15%；实现归属于母公司的净利润1.77亿元，同比增长65.09%。

公司推动了膜生物反应器技术在我国多个地区的全面和大规模应用，特别是在北京地区、环太湖地区、环滇池地区、海河流域、南水北调地区等我国水环境敏感地区的污水处理厂提标升级改造和新建工程中成为了骨干力量，并进一步巩固了公司在国内膜技术领域及污水资源化领域的领先地位；在研发与自主创新方面，公司在超/微滤膜制造技术、膜组器设备技术、MBR 与 CMF 应用工艺技术等以膜技术为核心的技术开发领域进一步取得进展，并处于行业领先地位。同时，公司还作为牵头人承担了国家水专项、863 等多个国家级科研项目，成功实现了公司研发方向与国家科研规划的完全融合；在膜材料生产方面，公司利用自身研发的技术，建成了年产 200 万平方米增强型 PVDF 中空纤维微滤膜以及年产 100 万平方米的中空纤维超滤膜生产线，成为目前全球最大的超微滤膜制造商之一，并实现了公司用膜的完全自给。

投资要点

优势：

（1）膜生物反应器（MBR）技术处于国际领先水平，技术实力雄厚。

（2）规模迅速扩大，已成为全球最大的超微滤膜制造商之一。

劣势：

（1）MBR 市场竞争日趋激烈。

（2）对于污水处理行业政策扶植力度或低于预期。

龙净环保股份有限公司

法人代表：周苏华

上市代码：600388. SH

公司主页：www. longking. com. cn/index. asp

行业：空气污染防治

低碳业务亮点

龙净环保股份有限公司（以下简称"龙净环保"）始建于 1971 年，专业致力于大气污染治理装备的研究开发已有三十余年历史，是全国环保产业骨干龙头企业和我国最大的专业从事烟气除尘、脱硫脱硝装置等大气污染治理设备机电一体化的研发制造基地。为中国环境保护产业协会副会长单位、中国资源综合利用协会技术装备委员会主任委员单位、中国环境科学学会副主任单位、中国环保产业协会电除尘专业委员会副主任委员单位和脱硫除尘委员会副主任委员单位、中国管道物料输送专业委员会副理事长单位。2000 年龙净环保 A 股在上海证券交易所成功上市，成为全国环保除尘行业首家上市公司（沪市 600388），龙净除尘产品产销量已经连续六年名列全国同行业第一。

龙净环保引进消化吸收国际一流公司的先进环保技术，包括了美国通用电气（GE）公司全套电除尘器技术，引进德国鲁奇公司电除尘、布袋除尘、烟气脱硫技术，引进德国潘特公司烟气调质技术和澳大利亚气力输送技术，丹麦托普索公司烟气脱硝技术，使龙净在中国确立了大气环保领域技术领导者的地位。目前公司主导产品包括：电除尘器、袋式除尘器、电袋复合式除尘器、除尘用高低压电控设备和计算机集控系统、湿法烟气脱硫装置、干法烟气脱硫装置、烟气脱硝装置、物料气力输送设备、干式排渣机、粉煤灰分选设备等大气环保系列产品，公司技术水平全面达到当前国际先进水平。公司先后通过了 ISO9001：2008 质量管理体系，GB/T24001—2004 环境管理体系，GB/T28001—2001 职业健康安全管理体系，CCC、PCCC 等认证。产品销售覆盖了全国所有省、市、自治区，并出口到日本、巴西、伊朗、印度等二十多个国家和地区，国际著名公司如 ABB、三菱、阿尔斯通的专家到龙净考察后均给予高度评价。

龙净环保是中国大气污染防治中的龙头企业，主营产品包括环境污染防治设备（电除尘器、脱硫脱硝装置等）、高压硅整流设备、低压配套设备、水利水电、电站用高低压控制设备、电气机械及器材等。龙净环保除尘设备市场占有率第一，脱硫排名前列，除尘脱硫业务高市场占有率奠定其客户基础。由于末端脱硝市场客户群和传统除尘脱硫高度重合，龙净环保在末端脱硝市场上复制脱硫成功。

国家"十二五"规划中，环保部颁布新的排放标准，将氮氧化物指标首次列入排放控制的限制性指标，因此脱硝市场成为"十二五"期间大气环保领域新的增长点。龙净环保的脱硫、脱硝业务紧紧抓住我国能源建设重心西移和钢铁行业脱硫治理的战略机遇期，发挥优势，抢占扩大市场，同时积极拓展美国等海外高端市场。电除尘业务则展现出了公司电式除尘的实力与能力，成为公司最重要的利润源头之一。

2010年公司在海外市场取得规模性突破，印度阿达尼7台66万千瓦机组电除尘器、印度KSK公司6台66万千瓦机组电袋项目以及出口博茨瓦纳、塞尔维亚、日本三菱等大型电除尘器项目的签订，标志着公司国际化进程迈出了实质性的一步。而印度尼西亚加里曼丹电厂总包项目的签订，漳州腾龙芳烃总包项目的有效执行，为公司工程总包战略取得了良好的开局。

此外，公司正在紧张进行"余热回收高效低温电除尘器"项目开发和其他重要课题的开发，以回款为目标，全流程保障电除尘器的安全高效可靠运行，用先进的技术和严密的管理，使电除尘技术适应国家新的排放标准。电袋除尘业务是公司新的重要盈利来源，公司全力组织完成嵌入式电袋技术消化吸收与转化工作，抓紧电袋除尘其他开发课题的研究，力争将新技术尽快应用于工程实际，把技高一筹优势变为"利"高一筹，同时寻求各种机会，尽早实现美国市场的突破。

公司2010年实现营业收入33.4亿元，净利润2.28亿元。凭借国际一流的先进环保技术和设备、良好的研发能力和客户基础，公司在未来的数年中将仍然处于同行业的领军位置。

投资要点

优势：

（1）中国大气污染防治龙头企业，除尘设备市场占有率第一，脱硫排名前列。

（2）在大气污染防治领域具有坚实的客户基础。

（3）海外电厂EPC和国内脱硫BOT等新业务有望成为新增长点。

劣势：

（1）原材料价格大幅上涨导致毛利率下降的风险。

（2）人民币升值带来的汇兑损失风险。

第六章
环球投资

第一节　碳交易是什么

碳交易，即把二氧化碳排放权作为一种商品，从而形成了二氧化碳排放权的交易，简称碳交易。《京都议定书》中引入了三个灵活的市场机制以解决公共环境的问题，用国际排放权交易（IET）、联合履行机制（JI）的双重机制打开了发达国家之间的碳交易市场，同时用清洁发展机制（CDM）作为连接发达国家和发展中国家碳交易的管道。通过《京都议定书》引入的这三种市场机制，将二氧化碳排放权进行量化，容许在市场上进行买卖和交易，从而通过市场机制使资源在全球二氧化碳排放项目中进行优化配置，引导企业在全球范围内获得最廉价的减排成本。

《京都议定书》中规定的国际排放权交易是发达国家获得的"指定数量单位"（AAU）的交易，而联合履行机制是发电国家之间通过投资项目方式获得的低价"减排单位"（ERU）的交易，两者都是发达国家之间的合作。清洁发展机制则是发达国家通过提供资金和技术等方式在发展中国家开展的项目合作，通过项目获取"核证减排额"（CER）。AAU、ERU 和 CER 不仅可以用来抵销发达国家的减排义务，也能在国际碳市场中进行交易。除了《京都议定书》规定的三种机制以外，欧盟也建立了自己的碳交易体系，其中使用了"欧盟排放配额"（European Union Allowances，简称 EUA），由于欧盟碳交易发展领先全球，EUA 的期货及期权交易规模较大。

根据碳交易的三种机制，碳交易被区分为两种形态：

配额型交易（Allowance – based Transactions）：指总量管制下所产生的排减单位交易，如欧盟的欧盟排放权交易制的"欧盟排放配额"（EUA）交易，主要是被《京都议定书》排减的国家之间超额排减量的交易。

项目型交易（Project – based Transactions）：指因进行减排项目所产生的减排单位交易，如清洁发展机制下的"核证减排额"（CER）、联合履行机制下的"排放减量单位"及"减排单位"（ERU），主要是通过国与国合作的减排项目产生的减排量交易，通常以期货方式预先买卖。

现时，世界上主要的碳交易所包括：欧盟的欧盟排放权交易制（EU ETS）、英国的英国排放权交易制（ETG）、美国的芝加哥气候交易所（CCX）、澳洲的澳洲国家信托（NSW）。其中 EU ETS 的规模最大，2008 年 EU ETS 的交易量和交易金额分别达到 30.93 亿吨二氧化碳当量和 920 亿美元，占全球碳交易市场交易量的 2/3，交易额的3/4。

在交易所交易产品中，主要包括 EUA 的期权和期货、CER 的期权和期货。其交易方式和传统的期货、期权类似，只不过其标的物为 EUA 和 CER。近年来，全球碳交易规模迅速增长，2008 年全球碳交易额高达1263.45 亿美元，较 2007 年增长了 100%，较 2005 年增长近 11 倍。下表6-1为 2007 年至 2008 年碳排放交易量和交易额一览表。

影响碳交易产品价格的因素有很多，以 EUA 为例，影响其价格的因素主要有：欧盟委员会颁发的限额总数，颁布的限额总数越大，每个 EUA 的价格就越低；电力公司使用燃料的相对价格同样影响 EUA 的价格，当天然气价格较高，而碳排放量较高的燃煤价格相对便宜时，电力公司倾向于选择燃煤发电，则对 EUA 的需求就相应增加，导致 EUA 价格升高；反之当天然气价格下跌时，则 EUA 价格下跌。另外，全球最高限额交易情况等对EUA 价格亦有影响。

表 6-1 2007~2008 年碳排放交易量和交易额一览表

单位：百万吨 CO_2 当量、百万美元

	2007 年		2008 年	
	交易量	交易额	交易量	交易额
基于配额的指针交易				
欧盟排放贸易计划	2060	49065	3093	91910
澳洲新南威尔士温室气体减排计划 *	25	224	31	183
芝加哥气候交易所	23	72	69	309
RGGI	—	—	65	246
AAUs	—	—	18	211
小计	2108	49361	3276	92859
基于项目的交易				
清洁发展机制一级市场	552	7433	389	6519
清洁发展机制二级市场	240	5451	1072	26277
联合履约机制市场	41	499	20	294
自愿性市场	43	263	54	397
总计	2984	63007	4811	126345

注：澳洲新南威尔士气体减排计划是全球最早强制实施的减排计划之一。于 2003 年 1 月正式启动，它对于该州的电力零售商和其他部门规定排放份额，对于额外的排放，则通过在碳交易市场购买减排认证（NGAC）来补偿。

数据源：世界银行《2008/2009 年碳交易市场现状与趋势报告》，智信中国低碳投资管理有限公司

第二节　新能源 ETF 和水资源的
ETF 及基金

对于个人投资者而言，既能分享全球低碳产业增长带来的收益，又不需要花费太多精力和时间在选择相关股票和建立股票投资组合上，最好的选择就是投资相关新能源 ETF、水资源 ETF 和基金。

国际市场上新能源 ETF 选择较多，目前涉及整个新能源产业的 ETF 主要有以下几个，上市编号分别是：ICLN、QCLN、PBW、PBD、PZD、GEX。具体来说，涉及整个新能源产业的 ETF 有：

iShares S&P Global Clean Energy Index ETF（ICLN）：该 ETF 主要跟踪一个全球性的新能源公司的相关指数。

First Trust NASDAQ Clean Edge US Liquid（QCLN）：该 ETF 主要跟踪一个在美国上市的新能源公司的相关指数。

PowerShares Clean Energy（PBW）：该 ETF 主要跟踪一个在美国上市的主要从事新能源发展公司所构成的指数。

PowerShares Global Clean Energy Portfolio（PBD）：该 ETF 主要跟踪一个在全球性的主要从事新能源发展公司所构成的指数。

Powershares Cleantech Portfolio（PZD）：该 ETF 主要跟踪一个全球性的主要从事清洁技术公司的指数。

Van Eck Global Alternative Energy Fund（GEX）：该 ETF 主要跟踪一个全球性的可再生能源公司的指数。

值得注意的是，这几个 ETF 除了 PZD 主要是投资清洁技术公司外，其他的主要投资均是清洁能源公司。而 QCLN、PBW 投资主要集中在美国，而剩余 4 个 ETF 投资范围皆涉及全球范围。

除了投资涉及整个新能源产业的 ETF 外，新能源子行业同样有 ETF 可以选择，具体见下表6－2。

表6－2　新能源子行业 ETF

行业	基金名称	基金代码
太阳能	· Market Vectors/Van Eck Global Solar Energy ETF	· KWT
	· Claymore/Mac Global Solar Index ETF	· TAN
风能	· PowerShares Global Wind Energy	· PWND
	· First Trust Global Wind Energy Index	· FAN
核能	· Market Vectors Nuclear Energy ETF	· NLR
	· iShares S&P Global Nuclear Energy Index	· NUCL
碳	· iPath Global Carbon ETN	· GRN
林业	· iShares Global Timber & Forestry Index Fund	· WOOD
	· Claymore/Clear Global Timber Index	· CUT
智能电网	· First Trust Nasdaq Clean Edge Smart Grid Infra-structure Index Fund	· GRID
与可替代能源相关的矿产资源	· Global X Lithium ETF	· LIT
	· Market Vectors Rare Earth/Strategic Metals ETF	· REMX
	· Global X Uranium ETF	· URA

资料来源：智信中国低碳投资管理有限公司

全球水资源的 ETF 和基金主要如下：

Allianz RCM 全球水资源基金（Allianz RCM Global Water Fund）：该基金注重资本的长期增值，80% 以上的资金投资于 S&P 全球水资源指数，Palisades 水资源指数，Janney 水资源指数中的成分股，或者是投资于和水资源紧密相关的公司。该基金超过40% 的资产为非美国证券，且把投资分散于包括美国在内的 8 个国家。

Clayman S&P 全球水资源（Clayman S&P Global Water）：该基金的投资理念为紧跟 S&P 全球水资源指数。

First Trust ISE 水资源（First Trust ISE Water）：该基金基本复制了

ISE 水资源指数，将超过 90% 的资产投资于 ISE 水资源指数的股票上。

PFW 水资源基金 Class A（PFW Water Fund PWFAX）：该基金注重长期资本收益，正常情况下 80% 投资于水资源相关的公司。

PFW 水资源基金 Class C（PFW Water Fund PWFCX）：该基金注重长期资本收益，正常情况下 80% 投资于水资源相关的公司。

Powershares 全球水资源投资组合（Powershares Global Water Portfolio）：该基金基于 Palisades 水资源指数，正常情况下，基金超过 90% 的资产投资于 Palisades 指数中的成分股或者成分股的 ADRS。该指数注重于全球饮用水产业，污水处理产业，和全球水耗损有直接关系的服务和科技。该投资组合会进行季度性的调整。

Powershares 全球水资源（Powershares Global Water Resources）：该投资策略为紧跟 Palisades 水资源指数的表现。